Poema de Fernán González

El conde Fernán González

Poema de Fernán González

Edición, prólogo y notas
por
John Lihani

EAST LANSING
COLLEAGUES PRESS

Medieval Texts and Studies: No. 4

ISBN 0-937191-21-3
Library of Congress Catalog Number 90-86171
Copyright © 1991 John Lihani

Published by Colleagues Press Inc.
Post Office Box 4007
East Lansing, MI 48226

Distributed outside North America
Boydell and Brewer Ltd.
Post Office Box 9
Woodbridge, Suffolk IP12 3DF
England

Printed in the United States of America

INDICE GENERAL

ILUSTRACIONES

AGRADECIMIENTOS

Es un placer para mí reconocer la ayuda ecónomica brindada para esta publicación por el Programa de Cooperación entre el Ministerio de Cultura Español y Universidades Norteamericanas, y por la Universidad de Kentucky. También estoy adeudado con mis colegas: John J. Allen, Harold G. Jones, Steven D. Kirby, y Joseph T. Snow, por su cortesía en apoyar la solicitud de fondos de publicación. Expreso mis gracias también al director de Colleagues Press, John A. Alford y a mi colega, Aníbal A. Biglieri, por sus sugerencias y observaciones al leer el manuscrito entero. Por la asistencia técnica mis agradecimientos se dirigen al Dr. Bernd Kratz y por los trabajos con la impresora laser expreso mis gracias a Jeffrey L. Taylor y sobre todo a Brenda Ghaelian del Centro de Informática. La ayuda de la bibliotecaria, Judy Fugate, de la Universidad de Kentucky ha sido imprescindible.

Por el permiso de usar varias ilustraciones sacadas de distintas publicaciones quiero expresar mi gratitud a John S. Geary (Medieval Institute), Santiago Vilas (Prentice Hall), Martín de Riquer (Espasa Calpe), y a Juan Victorio por su gentileza en permitirme citar algunas de sus reconstrucciones del poema.

En esta redacción se han tomado como fuentes de consulta las diversas ediciones registradas en la página lii. Como base para nuestro texto se ha empleado la versión de R. Menéndez Pidal (como se indica en la página xlix), en combinación con la edición facsímil de J. S. Geary. He intentado reducir las anotaciones técnicas a lo mínimo, en ofrecerles esta edición tanto a los antiguos como a los nuevos entusiastas del poema sobre el notable libertador castellano.

Si a pesar de los esfuerzos para eliminar los errores textuales permanecen algunos, se ruega dirigirse al editor.

John Lihani
University of Kentucky

Monasterio
San Pedro de Arlanza

El sarcófago del primer Conde de Castilla
Fernán González
en la colegiata de Covarrubias

RESUMEN CRONOLOGICO DE LA EPOCA DE FERNAN GONZALEZ-SIGLO X D. DE C.

915 - Probable año del nacimiento de Fernán González en Lara. Es uno de los tres hijos del conde Gonzalo Fernández y de su esposa Muniadonna. Esta se casó con Gonzalo después de la muerte de su primer esposo en 914. Por consiguiente, Fernán González, siendo hijo del segundo matrimonio de Muniadonna, nació probablemente en 915.

923 - Ya se conoce a Fernán González como conde de Burgos.

924 - Muere Ordoño II, rey de León.

926 - Fernán González es conde de Lara. Se divide el reino de León entre los tres hijos de Ordoño II: Sancho se establece en Galicia, Alfonso en León, y Ramiro en Portugal.

927 - Se reconoce a Fernán González como conde de Castilla, dependiente de Ramiro II, quien en este período suplanta a su hermano Alfonso como rey de León.

929 - Abderramán III (912-961) proclama el califato de Córdoba.

c. 930-33 - Fernán González, ya primer conde independiente de Castilla y conde de Alava, se casa con Sancha de Navarra. Sancha, casada por tercera vez, es hermana de García Sánchez, rey de Navarra.

933 - Fernán González colabora con Ramiro II de León en la derrota de los moros en Osma, en las cercanías de Soria.

936 - Abderramán III comienza la construcción de la ciudad-palacio de Medina Azahara. Fernán González asiste a la consagración de la iglesia de Santiago de Peñalba.

939 - El 6 de agosto, Fernán González gana la victoria de Simancas (al lado de Ramiro II) contra el ejército de Abderramán III. En el *PFG* dicha batalla se conoce como la de Hacinas. En realidad, el héroe castellano participa con el rey Ramiro II de León y con García Sánchez de Navarra, cuñado del conde, en dicha victoria en el *PFG* (estrofa 707). En este año nace Abuamir Mohamed, uno de los llamados 'almanzores', por excelencia.

941 - Para este año, Fernán González y Sancha ya tienen cuatro hijos y una hija.

942 - En su prosperidad, Fernán González hace donaciones a varios monasterios, inclusive al de Arlanza.

943 - Fernán González se rebela contra Ramiro II de León, quien captura y encarcela al conde. Aragón se incorpora al reino de Navarra.

944 - En este año por primera vez aparece el nombre de García, uno de los cuatro hijos de Fernán González.

945 - Aunque Ramiro II de León le concedió un gobierno independiente en Castilla, Fernán González se subleva contra el rey; fracasa su rebelión y es llevado cautivo, junto con sus hijos, a León. Los castellanos hacen una efigie de su caudillo y le rinden homenaje. Suplican a Ramiro II la liberación de su jefe, que pronto se efectúa.

946 - La independencia de Castilla como condado se convierte en la de una nación.

950 - Muere Ramiro II de León, y Ordoño III asume el reinado de Asturias, León y Galicia (reinó entre 950-956). Fernán González se subleva contra Ordoño III, quien ha llegado a ser yerno de Fernán González al casarse aquél con Urraca, hija de diecisiete años del conde. Fernán González reafirma la independencia de Castilla. Cinco reinos cristianos: León, Castilla, Navarra, Aragón y Cataluña, progresan con la Reconquista contra los moros.

955 - Fernán González gana la batalla de San Esteban de Gormaz contra los musulmanes.

956 - Muere Ordoño III de León. Le sucede Sancho I el Craso.

958 - Ordoño IV el Malo asciende al trono de León y reina hasta 962.

959 - Muere Sancha, mujer de Fernán González, y hermana del rey de Navarra.

960 - El conde se casa de nuevo, esta vez con Urraca, infanta de Navarra, hija del rey García Sánchez de Navarra, antiguo cuñado de Fernán González, quien ahora pasa a ser su suegro. La infanta sirve de anzuelo para el encarcelamiento de Fernán González en Navarra. Sancho, pretendiente al trono de León como

Sancho I, conocido también por los nombres Sancho Ramírez y Sancho Ordóñez, se une con García de Navarra, para derrotar a Fernán González y lo toma prisionero cerca del río Oja en Aviceña; Sancho I recupera el trono de León con la ayuda de Abderramán III. Continúan las contiendas por la corona contra Sancho I.

961 - Mientras que Ordoño IV el Malo es rey de León, Fernán González está encarcelado en Pamplona; logra escapar con la ayuda de su novia, Urraca, infanta de Navarra. En este período su hija, también llamada Urraca, quien se había casado con Ordoño III, hijo de Ramiro II, llega a ser mujer de Ordoño IV el Malo, y después se casa con Sancho II, el heredero de la corona de Navarra, y hermano del difunto Ordoño III. La muerte sorprende en ese año a Abderramán III en Córdoba. Sancho I recupera el trono y reina en León hasta 966.

963 - Los moros bajo Alhacam II, el califa de Córdoba (961-76), ahora vencen a Fernán González en San Esteban de Gormaz, donde ocho años antes, la victoria había sido de Fernán González. Alhacam II (conocido también como Alhaquen, Ahaquem y como Hakem II), hijo de Abderramán III, fomenta la cultura.

966 - Borrell II, conde de Barcelona-Urgel, reunifica los condados catalanes.

969 - El 11 de marzo Fernán González establece el monasterio de Rezmondo. Para este año el conde tiene ocho hijos, cuatro varones: Gonzalo, Sancho, Nuño, García, y cuatro hijas: Nuña, Fronilde, Urraca y Toda. No se sabe si algunos de los hijos fueron hijastros o adoptados.

970 - Cuando tenía unos 55 años, muere Fernán González y es enterrado en el monasterio de San Pedro de Arlanza, donde también estaba enterrada su primera esposa. Su hijo, Garci Fernández, asume el poder en Castilla y se establece la dinastía castellana. Con el tiempo, se trasladan los sepulcros de Fernán González y de su esposa a la iglesia de la colegiata de Covarrubias, y se derrumba el monasterio de Arlanza.

LA CULTURA, EL ARTE Y LA LITERATURA
DE LOS SIGLOS VIII-XI

Siglos VIII-XI. Arte asturiano revelado en la iglesia de Santa María del Naranco.

Siglos VIII-X. Arte califal ejemplificado en la mezquita de Córdoba.

Siglos IX-X. En el imperio bizantino florecen los historiadores latinos y griegos. Se cultiva la epopeya en latín igual que en el vernáculo en España.

900 - Florece Mucádam de Cabra, poeta que inventa la muwashaha y el zéjel.

910 - Fundación del monasterio de Cluny de la orden benedictina por el duque Guillermo de Aquitania. La abadía de Cluny inicia una reforma radical en la vida religiosa, política, intelectual, económica y artística en Europa.

915-24 - Período de la composición en la región del norte de Italia del poema *Gesta Berengarii Imperatoris* (*Hechos del emperador Berenguer*).

935-73 - La monja Rosvita del monasterio de Gandersheim, Alemania, compone comedias en latín a imitación de Terencio.

c. 950 - *Glosas Emilianenses*, primeras vislumbres y manifestaciones documentadas de la lengua española.

973 - Muere el monje Eckard I, de San Galo, redactor del poema épico *Waltharius manu fortis* (*Walter de las manos fuertes*).

980 - Nace el filósofo Ibn Sina (Avicena) en el Turquestán persa.

994-1064 - Ibn Hazm compone *El collar de la paloma*, que sirve de inspiración para *El libro de buen amor*, de Juan Ruiz.

RESUMEN CRONOLOGICO: LA EPOCA DEL AUTOR ANONIMO DEL *POEMA DE FERNAN GONZALEZ*

1212 - Alfonso VIII crea Estudios Generales en Palencia. Alfonso VIII lucha contra los almohades en las Navas de Tolosa.

1215 - Santo Domingo de Guzmán funda la orden de Predicadores, pilar de la ciencia medieval.

c. 1215 - Fundación de la Universidad de Salamanca por Alfonso IX, último rey de León.

1221 - Comienza la construcción de la catedral gótica de Burgos.

1227 - Se inicia la construcción de la catedral de Toledo sobre la destruida mezquita musulmana.

1229 - Jaime I de Aragón y Cataluña, el Conquistador, incorpora las Islas Baleares a su reino.

1230 - Unión definitiva de Castilla y León bajo Fernando III el Santo.

1230-50 - Redacción de *Karlomagnus saga*, traducciones de una serie de cantares de gesta franceses sobre Carlomagno.

¿1232-1315? - Ramón Llull. Filósofo, místico y escritor en lengua catalana.

1236 - Jaime I el Conquistador, rey de Aragón y Cataluña, reconquista definitivamente a Valencia. Fernando III toma Córdoba a los árabes.

1238 - Comienza la construcción de la Alhambra.

1241 - *El Fuero Juzgo* hace asequibles en castellano un conjunto de normas jurídicas.

1242-1310 - Jorge Paquimeras de Bizancio prepara la *Historia Bizantina*.

1244 - Con el tratado de Almizra entre Fernando III de Castilla y Jaime I de Aragón y Cataluña, los dos reyes fijan la línea divisoria para sus avances en la Península Ibérica con el fin de evitar contiendas hegemónicas.

1246 - Fernando III reconquista Jaén.

1248 - Reconquista de Sevilla por Fernando III.

c. 1250 - Juan Lorenzo de Astorga adapta la versión francesa del *Libro de Alexandre* al castellano. Cantan alabanzas a la Virgen

María los poetas: Gautier de Coinci en francés, Gonzalo de Berceo en castellano, y Alfonso X en gallego-portugués. Se praparan el *PFG, Libro de Apolonio*, y un poco antes, las obras hagiográficas de Gonzalo de Berceo, junto con los *Milagros de Nuestra Señora*.

1251 - Traducción castellana de *Calila y Dimna* en la corte de Alfonso X.

1252-84 - Alfonso X el Sabio, rey de Castilla y de León, rejuvenece la escuela de Toledo, y funda una verdadera casa editorial.

1253 - El infante Fadrique, hermano de Alfonso X el Sabio, hace traducir del árabe al castellano *El libro de los engaños*.

1254 - Alfonso X consigue que el Papa Alejandro VIII reconozca la validez de los títulos de la Universidad de Salamanca para toda la cristiandad. Salamanca se convierte en una de las cuatro grandes universidades europeas (al lado de las de París, Bolonia y Oxford).

1262 - Redacción de las *Tablas astronómicas* alfonsíes en el castillo de San Servando de Toledo.

1263 - Primera redacción de *Las Siete Partidas*, de Alfonso X.

1266 - Jaime I de Aragón conquista Murcia.

1270 - *Historia troyana*, y *Barlaam y Josaphat*, obras traducidas por la escuela de traductores de la corte de Alfonso X.

1276 - Creación del reino de Mallorca bajo Jaime II de Aragón.

c. 1280 - Se redactan la *Primera Crónica General* y la *General historia* de Alfonso X.

1282 - Pedro III de Aragón conquista Sicilia.

1283 - Se crea en Valencia el primer consulado marítimo y se redacta en Barcelona el *Libro de consulado del mar*.

1284 - Muere Alfonso X el Sabio.

PROLOGO

EL FONDO HISTORICO DEL
POEMA DE FERNAN GONZALEZ

LA HEGEMONIA ROMANA comenzó en España con la invasión en 218 a. de C. y terminó en 414 d. de C. con la conquista de la Península por los visigodos. Estos a su vez cedieron su poder a los árabes entre 711 y 718. Los cristianos se retiraron a las provincias norteñas, y desde Covadonga en 718, bajo el caudillaje de Pelayo (m. 737), inauguraron su Reconquista de España. Los limitados centenares de soldados cristianos que derrotaron a varios miles de árabes aseguraron la libertad de Asturias. Por lo tanto, Asturias se considera la cuna de la independencia española, y similarmente, cuna de la nobleza española. Paulatinamente, los cristianos empujaron hacia el sur hasta que se coronó la Reconquista con pleno éxito en 1492, cuando los Reyes Católicos forzaron al último rey moro a abandonar Granada.

De modo que el período de Fernán González (c. 915-970) es el que atestigua la lucha cristiana que se convierte en una cruzada religiosa contra los moros. En el mismo siglo X, la España musulmana experimenta un florecimiento cultural. Dos siglos habían transcurrido desde 758 d. de C., cuando Abderramán I fundó el emirato que en 929 Abderramán III (912-961) convirtió en el califato de Córdoba y llegó a ser el gobernador más distinguido de la España árabe. Bajo él y sus sucesores el gobierno moro construyó la flota más poderosa del Mediterráneo y además estableció un gran ejército. Por aquel entonces, España era la nación más poderosa, culta y respetada de Europa. Con el tiempo, se debilitó el dominio árabe y Córdoba pasó a los cristianos en el siglo XIII (1236), bajo el reinado de Fernando III el Santo de Castilla.

La vida tempestuosa de Fernán González y sus contiendas por una Castilla independiente involucraron tres reinos distintos: el califato moro de Córdoba, y los reinos cristianos de Navarra y León. Navarra en las épocas visigoda y musulmana no pudo ser dominada del todo, y aun en 778 derrotó a Carlomagno en el valle

xv

de Roncesvalles. El reino de Navarra, en tiempos de Sancho III el Mayor (1000-1035), floreció como la región cristiana más poderosa de España, y desde 1076 hasta 1134 Navarra estuvo unida al reino de Aragón.

En cambio, León fue conquistado por los moros en 846, pero se reanimó y revivió, y durante el siglo X formó una sola entidad con el reino de Asturias, se trasladó la capital desde Oviedo a León, prestando su nombre a todo el reino. En el siglo XI éste comprendía Galicia, Asturias, León y Extremadura. En 1027 tuvo lugar la primera unión de León con Castilla, y después de varias separaciones la unión definitiva se realizó con Fernando III el Santo en 1230.

El reino de Navarra-Aragón de una parte, y el de León por otra, sostuvieron su reconquista contra los moros independientemente. Según la tradición, los cristianos de la región occidental fueron ayudados en su lucha contra las fuerzas islámicas por el mismo Santiago. Dice la leyenda que después de sufrir el martirio en Jerusalén en 42 d. de C., el cadáver de Santiago fue transportado a España para el entierro. Ocho siglos después, en 813, los restos del santo fueron descubiertos en el lugar que más tarde se convirtió en centro de atracción para los peregrinos medievales de la cristiandad. Durante los tempranos años del siglo IX, Carlomagno de Francia penetró en España hasta las puertas de Zaragoza antes de retirarse a Francia por los Pirineos. Para entonces, todo el territorio español hacia el Duero, ya se encontraba en manos cristianas. En sus combates y en las horas más funestas de los españoles se les apareció Santiago para darles ayuda. Continúa la leyenda, que en la batalla de Clavijo, en Logroño, contra el emirato de Córdoba en el año 846, el apóstol vino al caudillo cristiano, Ramiro I (m. 850), y en su sueño le predijo la victoria. Efectivamente, en la batalla las fuerzas cristianas fueron animadas por la aparición de Santiago sobre un caballo blanco, y así el santo las condujo a la victoria sobre los moros. El hecho de dicha batalla se nota por primera vez tan sólo en el siglo XIII, y ningún historiador moro ni cristiano hace mención de ella antes, lo cual presenta dudas sobre su realidad.

La independencia del califato de Córdoba fue proclamada por Abderramán III precisamente por los años en que Fernán González se hacía primer conde independiente de Castilla (930). El poder militar de los árabes culminó con el gran jefe militar, Abuamir Mohamed (939-1002) uno de varios generales con el apodo de 'almanzor' que significa 'el victorioso'. Este almanzor, por excelencia, figura como el último de los caudillos de la unión musulmana en España. Abderramán, así como uno de los almanzores, luchó contra Fernán González (estrofa 272) según el *PFG*, pero el autor de Arlanza no se refiere a Abuamir Mohamed, cuyas hazañas no fueron contra Fernán González. Algunos historiadores y críticos literarios creyendo que 'el victorioso' era nombre perteneciente solamente a Abuamir Mohamed (como 'cid' que en árabe significa 'señor' fue título común a muchos jefes medievales, inclusive a Rodrigo Díaz el de Bivar, quien lo ha retenido, como su apodo por excelencia), han sostenido por equivocación que el autor del *PFG* erraba cronológicamente en cuanto a las batallas de Fernán González y Almanzor. En realidad el poeta arlantino no hizo tal cosa. En el *PFG* el narrador identifica al "victorioso" general moro, o sea al Almanzor, no de tierra española, sino de tierras africanas.[1]

La batalla histórica entre los cristianos y los moros en

---

[1] Aunque había varios generales árabes con el epíteto de almanzor, hoy día se usa generalmente para el mayor de todos, Abuamir Mohamed (939-1002). Este fue el favorito del califa Alhacam II. Repetidamente obtuvo éxitos rotundos contra los cristianos, quemando, matando o capturando a todos los seres humanos que resistían sus asaltos. Este almanzor español ocupó Barcelona, Coimbra, León y Zaragoza en 985 y hasta atacó a Santiago de Compostela en 997. Tal fue su poder y prestigio, tanto militar como político, que el rey de Navarra (Sancho García) y el rey de León (Bermudo II) al parecer no sufrieron ninguna contrariedad al otorgarle a sus hijas cristianas como esposas.
Almanzor fue un término usado comúnmente para designar al jefe militar entre los árabes, y, por lo tanto, no hay incompatibilidad en decir que Fernán González luchó contra Almanzor, sólo hay que recordar que éste fue uno de una serie de almanzores. En efecto, según Dozy, el almanzor muerto por Fernán González era un esclavo llamado Najda, mercenario a quien Abderramán III había escogido como jefe de su "Hueste Invencible" para la batalla de Simancas. [R. P. A. Dozy, *Spanish Islam* (London: Chatto and Windus, 1913), p. 431]. Un término actual parecido en sentido al almanzor, sería 'generalísimo' o 'máximo líder'.

Simancas, tuvo lugar en 939, como hemos visto, cuando nació el famosísimo almanzor Abuamir Mohamed. La batalla aparece en el *PFG* descrita bajo el nombre de Hacinas. En efecto, como ya se ha establecido, había otros almanzores; entre ellos, el que luchó en la batalla de Simancas contra Fernán González, pero era uno de los que precedió a Abuamir Mohamed. En el año 1031 la unidad árabe comenzó a disolverse. El califato se repartió entre veintitrés pequeños reinos, llamados taifas, o sea, 'bandos'. El condado de Castilla no estaba firmemente establecido todavía. El rey de León aún lo reclamaba como su territorio, y el rey de Navarra también lo codiciaba. Sancho el Magno de Navarra reclamó a Castilla en 1035, pero la dejó como condado independiente a su hijo Fernando I, quien tomó el título de rey de Castilla, al ser coronado en 1035. Castilla aseguró su independencia sólo en 1037 cuando por su parte Bermudo II, rey de León, también decidió reforzar la independencia de Castilla, dando la provincia a su hermana Sancha como dote cuando ésta se casó con el último conde castellano, Fernando, el mismo hijo de Sancho el Magno de Navarra. Así, dentro de dos años, 1035-1037, tanto Navarra como León reconocieron la independencia del reino de Castilla. De tal forma, Castilla logró su independencia, de hecho, bajo Fernán González, pero por derecho la logró sólo bajo Fernando I, quien reinó de 1035 a 1065. Poco a poco los cristianos reconquistaban las taifas, y después de la captura de Toledo en 1085, la conquista siguió progresando hasta el siglo XIII cuando los moros ya no tenían más que un reino en España, el de Granada. Finalmente, éste fue ocupado por los Reyes Católicos en 1492, y así fue galardonada la Reconquista de España.

El territorio español continuó ensanchándose bajo Jaime I de Aragón, el Conquistador, cuando éste tomó las Baleares en 1229-35 y Valencia en 1238. Fernando III combinó las coronas de León y de Castilla y reconquistó Córdoba en 1236. Esta reconquista fue seguida por la de Sevilla en 1248. Aumentó también el poder de la Iglesia con el énfasis religioso puesto en la exitosa cruzada con la poderosa influencia y el respaldo que procedía de los monjes de Cluny, en Francia. La religión figuraba como un gran estímulo político y moral en la Reconquista cristiana de las tierras españolas. En resumen, Fernán González obtiene la independencia para Castilla alrededor del año 932 d. de C. El conde tuvo una vida extraordinaria y activa, y algunos dicen que, además, poseía una personalidad excepcional y pugnaz. Esto lo confirma su modo de vivir, pero el *PFG* pinta al conde con una personalidad variada, algo compleja, con sus virtudes, y de igual modo con algunos defectos muy humanos. Después de todo, el poeta de Arlanza no propagaba el culto personal de Fernán González como su objeto primordial, sino que blasonaba el culto religioso de su propio convento en Arlanza. El héroe castellano servía al poeta meramente como medio para difundir la religión que atraería a los peregrinos. La obra épica y panorámica es fortuitamente lírica y ampliamente rociada de gracia. En las descripciones de las batallas y de los combates personales es sumamente poderosa y emocionantemente repleta de un vehemente patriotismo.

EL MANUSCRITO

El *Poema de Fernán González* (*PFG*) se ha conservado en un códice, escrito de tres manos distintas, todas del siglo XV. J. S. Geary confirma lo que J. R. Owre postuló en su tesis doctoral (1934) que el trozo entre el fol. 189 r, renglón 2 y fol. 189 v. renglón 7, fue copiado por una tercera mano.[2] Es difícil especificar el período del manuscrito con más precisión. El *PFG* está encuadernado en el códice con otras obras: *Consejos y documentos del judío Rabbi don Santo al Rey don Pedro; La doctrina cristiana;*

---

[2] Jacob R. Owre, ed., "The *Poema de Fernán González*: A Paleographic Edition of the Escorial Manuscript IV-B-21, with Notes and Etymologic Vocabulary." University of Minnesota, tesis doctoral, 1934, p. 4. Citada por J. S. Geary, *Historia del Conde Fernán González*, a facsimile and paleographic edition with commentary and concordance (Madison: Hispanic Seminary of Medieval Studies, 1987), p. iii. Los versos copiados en la tercera mano del manuscrito escurialense (folio 189 recto y verso) corresponden a los del folio 54 recto y verso en la edición facsímil y transcrita por J. S. Geary (1987).

La dança general de la muerte, y *La revelación de un hermitaño.*
Los dos copistas principales del *PFG* parecen haber modificado el
texto original que reprodujeron con muchas lagunas. El texto es
deficiente e incompleto, con la omisión del episodio final que
trataría del encarcelamiento de don Fernán González en León. El
PFG está truncado en el folio 190 v. del manuscrito. El códice
identificado con la signatura IV B 21, se conserva en la Biblioteca
Escurialense de San Lorenzo del Escorial. C. Carroll Marden lo
describió en detalle en la introducción de su edición [véase la
sección de Bibliografía]. José Manuel Ruiz Asencio también
presenta una completa descripción codicológica y paleográfica del
manuscrito, y según testimonios de la escritura, afirma que el
manuscrito fue copiado en Burgos entre 1470-1480.[3] Había otros
manuscritos del poema, uno que se encontraba en Arlanza, y otros
más, también notados por Marden, que se custodiaban en Sevilla;
pero ahora la existencia de todos éstos se desconoce. En tiempos
modernos varias copias se hicieron del manuscrito escurialense y
una de ellas se conserva en la Boston Public Library.

Los tres copistas del códice escurialense emplearon abreviaturas,
e hicieron raspaduras y borrones. Dos de ellos que copiaron casi
el códice entero dejaron unas palabras ilegibles, y modernizaron el
lenguaje del *PFG* según la práctica de su época, lo que a veces
quizás corrompa el metro y la rima de la obra. Hay palabras,
líneas, e incluso estrofas enteras que faltan en varias partes del
PFG, tal vez debido a las malas condiciones del original del cual
se hizo el códice que subsiste: muchas páginas no tienen margen,
y en algunos casos, hay palabras que fueron cortadas de las
páginas por descuido del encuadernador. Actualmente, el
manuscrito se encuentra accesible para el escrutinio del interesado
en la biblioteca del Escorial, o mediante la edición facsímil
publicada por la Hispanic Seminary of Medieval Studies, o por el

[3] José Manuel Ruiz Asencio. "El Manuscrito del *Poema de Fernán González*. Edición
facsímil del manuscrito depositado en el Monasterio de El Escorial (Burgos: Ayuntamiento
de Burgos, 1989), p. 102.

Ayuntamiento de Burgos.

EL AUTOR Y LA FECHA DE LA COMPOSICION DEL *PFG*

El *Poema de Fernán González* es obra compuesta pro-
bablemente entre 1250 y 1275, por un poeta anónimo que se
interesaba en las vicisitudes del monasterio de San Pedro de
Arlanza, que estaba situado en el río Arlanza cerca del pueblo de
Covarrubias, entre Burgos y Palencia. Actualmente, el monasterio
está en ruinas y el sepulcro de Fernán González, que se
encontraba, como ya hemos indicado antes, en el monasterio,
ahora se puede ver en la colegiata de Covarrubias.
La fecha de composición de la versión del *PFG* que nos ha
llegado se deduce mediante varias pistas sugeridas por el texto. El
PFG menciona al hijo de Luis VIII de Francia, Alfonso, quien fue
conde de Piteos y también de Tolosa. Alfonso gozaba de ambos
títulos durante los años 1250-71. Este intervalo, junto con la
conquista de Acre y Damiata que se efectuó en 1249 y se
menciona en el *PFG* (649d), confirman que la composición de la
obra fue probablemente después de 1250. En una hipótesis, Juan
Victorio supone que el poeta de Arlanza escribió la obra para
animar a Fernando III (tocayo del primer conde de Castilla), a
hacer nuevas donaciones al monasterio. Puesto que Fernando III
murió en 1252, Victorio considera este año como el término *ante
quem* para la obra (Victorio 29).
Por otra parte, siguiendo el hilo del pensamiento de J. Pérez de
Urbel, J. P. Keller, un investigador norteamericano, ha indicado
que según el nombre de benimerines (pueblo bereber del norte de
Africa), que aparece en la estrofa 390 como "avenmarinos," el
PFG fue escrito hacia fines del tercer cuarto del siglo XIII. Puesto
que el nombre de este pueblo parece haber venido a la atención
de los españoles por primera vez, según los documentos, tan sólo
en 1275, J. P. Keller cree, en manera un poco aventurada, que por
esto, el *PFG* que hace uso del nombre de los bereberes,
probablemente lo contiene porque éstos ya habían penetrado en la
Península española de forma pacífica, aunque sus invasiones

xxi

bélicas ocurrieron durante el siglo siguiente. De modo que, si se acepta esta deducción, la fecha de composición de la versión del poema puede aproximarse a la última parte del ínterin creativo de la obra, o sea, hacia 1275. Las hipótesis son interesantes, pero inconcluyentes. Sin embargo, según el consenso, la fecha de composición parece restringirse a la segunda mitad del siglo trece.

En un artículo reciente, José Hernando Pérez hace pública la existencia de una teja descubierta en Villamartín de Sotoscueva, provincia de Burgos, cuya importancia es extraordinaria para la historia del *Poema de Fernán González*. La fecha de la teja parece remontar hasta los principios del siglo XIV, y la enorme importancia de dicha teja se debe al hecho de que lleva inscritos quince versos identificados como pertenecientes al *PFG* en el estilo del mester de clerecía.[4]

Este descubrimiento obvia la noción que el códice escurialense pudiera considerarse como versión original del poema. La teja comprueba que el *PFG* existía con la versificación regular hacia fines del siglo trece, como en efecto se viene sosteniendo desde hace mucho tiempo. José Hernando Pérez está preparando una tesis doctoral que debe contestar cualesquiera dudas que puedan presentarse sobre la existencia del poema en forma del mester de clerecía que sirvió de fuente para la copia encontrada en el códice del Escorial.

En un estudio publicado en 1961, Brian Dutton pone de manifiesto la estrecha relación entre las fórmulas épicas usadas por Berceo y las del *PFG*, y debido a las semejanzas, postula la existencia para el siglo XIII de una copia del *PFG* en los archivos de San Millán que Gonzalo de Berceo consultara durante su propia composición de sus poemas hagiográficos (Dutton 1961, 203).

Como para tantas otras obras medievales, el autor del *PFG* permanece anónimo, a pesar de los esfuerzos hechos para establecer un conocimiento más claro al respecto. Las frecuentes

---

[4] José Hernando Pérez, "Nuevos datos para el estudio del *Poema de Fernán González*." *Boletín de la Real Academia Española* 66 (enero-abril de 1986), 135-152.

referencias al monasterio de San Pedro de Arlanza y el interés personal que se exhibe tocante a las cercanías del monasterio, igual que a las donaciones hechas a la organización por el mismo Fernán González, hacen creer a varios eruditos que el poeta fue residente, o sea monje (o allegado), del mismo monasterio de Arlanza. El poeta arlantino intentaba escribir en la tradición del mester de clerecía en el tetrástrofo monorrimo alejandrino. Pero parece haber sido influido por la tradición juglaresca. Hace uso liberal de sinalefas, o del hiato, la sinéresis, o la diéresis, según las circunstancias, para mantener el número de sílabas en catorce. Pero hay que confesar que no siempre logra hacerlo. El poeta también reveló su erudición monástica mediante referencias a la historia de España, así como a la literatura hagiográfica y épica, y a la Biblia. Está claro que el poeta de Arlanza se sintió obligado a expresar la fuerte predilección que sintió por la tierra de Castilla, por su pueblo y su conde, su religión y por el convento de Arlanza, realzando y cantando elogios de todo en forma heroica.

EL GENERO EPICO Y SU PROPOSITO EN ESPAÑA

Desde tiempos antiguos, el género épico era una forma muy divulgada que servía para el entretenimiento alentador del público. La epopeya se ha descubierto entre muchos pueblos alrededor del mundo, y evidentemente ha existido a través de muchos períodos de la historia humana tanto escrita como oral. Entre los indoeuropeos, la epopeya se ve documentada como vehículo popular de diversión pública desde los días del poeta griego, Homero (800 a. de C.), y desde la Rig Veda, composición religiosa de India del siglo X a. de C. En Europa, los juglares medievales recitaban la forma narrativa a los auditorios congregados en cualquier lugar oportuno y apropiado.

La invención en el siglo XV de la tipografía hizo más económica la producción del libro, y así resultó en una divulgación y popularización de la educación, que eventualmente hizo posible el entretenimiento literario en un nivel menos público y más personal, o sea, la educación literaria pudo convertirse en cosa más individualizada y particular, y al mismo tiempo, paradójicamente, más generalizada y difusa. El género épico ha sobrevivido y sigue cultivándose hasta nuestros días.

En el siglo XIII, cuando el poeta de Arlanza comenzó a prepararse para escribir las aventuras de Fernán González, una nueva forma había surgido para relatar la epopeya. Llegó a conocerse como el mester de clerecía. Las órdenes religiosas, entre otras entidades, habían notado el valor del género épico como una valiosa manera de propagar la fe y fomentar el culto en sus monasterios, y de tal modo regenerar las condiciones económicas de las organizaciones que a veces se encontraban en grandes apuros. Los conventos medievales eran importantes unidades sociales y económicas. Por consiguiente, los conventos sirvieron no sólo como lugares de culto religioso, sino también como escuelas, bibliotecas, hoteles, bancos y empresas agrícolas y manufactureras. Los monasterios eran los palacios, no de la nobleza, sino de la gente común. En una palabra, sirvieron de las más poderosas unidades económicas y espirituales en sus áreas, prosperando en todo tipo de comercio, incluso en las riquezas aportadas por los peregrinos quienes viajaban a los centros famosos por sus reliquias religiosas y por los personajes notables enterrados en sus confines.

La epopeya, tanto popular como erudita, demostró su eficacia en atraer y entretener al público en los lugares concurridos. En el siglo XIII, los clérigos europeos, y sobre todo los de Francia y España, viendo la popularidad de la epopeya, decidieron utilizarla para incrementar su cuota de los beneficios financieros que podían derivarse de tales composiciones, ofreciendo sus propias versiones heroicas para el consumo público. En consecuencia, aumentó el número de poemas épicos sobre todo del tipo erudito, y así se ve el intenso cultivo del mester de clerecía. Gonzalo de Berceo (¿1180-1247?) hizo uso de esta modalidad en sus escritos de las vidas de santos y, en particular, en *La vida de San Millán* interpuso un pasaje dentro de estrofas 362-489 (Dutton 1967) sobre el conde castellano. En dicho pasaje, Berceo inyectó un mensaje identificando a don Fernando con el convento de San

Millán de la Cogolla, anotando que durante varias ocasiones el héroe le había hecho donaciones generosas. Berceo buscaba reavivar el interés público en San Millán de la Cogolla, con motivos de incrementar el altruismo de parte de los interesados en las hazañas heroicas del legendario conde castellano y en visitar el monasterio que en un tiempo mereció sus dádivas.

El mismo propósito propagandístico exhibido por Berceo, explotando la memoria de Fernán González para fomentar el interés en San Millán de la Cogolla, alentó también al monje del convento rival de San Pedro de Arlanza. Los de Arlanza, con derecho, reclamaron al héroe castellano para sí, porque su organización fue fundada por los padres de don Fernando (aunque el poeta atribuye su fundación al mismo héroe). Y el mismo Fernán González, como se vio arriba, le había hecho donaciones generosas, y de hecho, estaba enterrado allí junto con su esposa. El venerado nombre del padre de la independencia de Castilla era, en efecto, un instrumento para vivificar la prosperidad del convento: "Si Dios aquesta lid me dexa arrancar, / quiero todo el mío quinto a este lugar dar; / demás, quando muriere, aquí me soterrar, / que mejore por mí sienpre este lugar" (estrofa 248). Por consiguiente, unos monjes, o un monje arlantino hizo una refundición de otro poema épico de tipo más popular y así produjo su versión que desgraciadamente nos ha llegado ni en forma completa, ni en forma pulida según las normas del mester de clerecía. El códice del *PFG* parece presentarnos un estado intermedio entre el mester de juglaría y el de clerecía. Es de poco beneficio conjeturar más sobre las razones que explicarían el estado incompleto del códice que nos presenta en tradición erudita la narración del *Poema de Fernán González*.

Cuando el poeta, mediante el pronóstico de Pelayo, le recuerda a Fernán González que debe tener en cuenta su caridad favorita (es decir, el monasterio de Arlanza) en sus horas de triunfo (estrofa 243-47), el poeta, en realidad, está llamando la atención a su auditorio que debe sentir una obligación parecida. De este modo el autor asegura que su poema, siendo una mezcla de temas religiosos y nacionales, sea una pieza propagandística sobre los eventos de la activa e impresionante vida del caudillo castellano. El poeta arlantino, movido por un sentido local y patriótico, intentó restablecer al conde a su región indígena de Castilla y así desechar los reclamos hechos por Berceo en pro de San Millán de la Cogolla en Navarra. La misión propagandística es especialmente fuerte en la primera parte del poema, donde la obra tiembla con ardor nacional. Dicho ardor disminuye al sobrevenir el primer encarcelamiento de Fernán González. El entusiasmo patriótico del monje parece agotarse al alcanzarse la tercera parte de la obra. Lo que se destaca a través de todo, sin embargo, es la característica religiosidad del poeta que nunca se desvanece. Era la época de Alfonso X cuando el Rey Sabio profesaba vivir para la glorificación de la Virgen María. De modo semejante, el poeta del siglo XIII de las leyendas de don Fernando vivió para la mayor gloria del Todopoderoso, y para la fe que nutría dicha gloria. Por lo tanto, el escritor no elogió la reconquista territorial hecha por los cristianos, sino su aspecto de cruzada y las hazañas del héroe hechas en nombre de la religión.

Una mezcla de temas nacionales y religiosos constituye la trascendencia básica del poema y sobrepasa la simple narrativa recogida con propósitos originalmente egoístas. Pero es más; es también una justificación de la cristiandad, y una exhortación de los creyentes a ejercer una fe más devota y más generosa que la que solamente respaldaba moralmente al convento de Arlanza.

FUENTES DEL *PFG* Y SUS INFLUENCIAS

Hay los que niegan rotundamente la realidad histórica de los relatos del *PFG*, y los hay que francamente la aceptan. Se sabe que los libros engendran a otros, y algo parecido se puede decir del *PFG*. Como suele ocurrir con una obra de arte, hay paralelos episódicos, temáticos y lingüísticos con otras obras que preceden y siguen al poema épico. Así, con respecto al *PFG*, algunos de los paralelismos que lo anteceden pueden interpretarse como fuentes para el *PFG*, mientras que los que aparecen después, pueden juzgarse como influencias derivadas del poema. Los paralelismos pueden también atribuirse a meras coincidencias, o al mito público que se imprime en la mente colectiva y que surge abiertamente en varios sitios y obras al mismo tiempo. Además, es sostenible que el poeta erudito de Arlanza fuera conocedor de la gran literatura antecedente, y así fue dispuesto a referirse consciente o subconscientemente a episodios literarios de otras obras bien conocidas. Está claro que el *Poema de Fernán González* pertenece a una antigua tradición épica. Una forma más temprana del *PFG* existió probablemente en forma oral, anterior al fragmento descubierto en la teja, con el probable título de *Cantar de Fernán González*. La tradición oral y la escrita sirvieron de fuentes para la versión de la narración que existe hoy. Desgraciadamente, ya no se pueden comprobar las fuentes orales, pero las escritas se evidencian en el poema con frases que proclaman: "commo el escrito diz, nos ansí lo fablamos" (14c), "commo diz' la escritura"(25d), o "Segund nos lo leemos, e dize lo la lienda"(698a). Tales referencias demuestran un conocimiento literario histórico que influyó en el poeta del siglo XIII.

Los sucesos tradicionalmente relacionados con la epopeya se descubren en el rezo épico, en la enumeración de los contendientes, en los epítetos, en el sueño presagioso, y en las batallas formularias; todos estos elementos épicos relacionan el *PFG* con largos hilos continuos de la epopeya. Tales hilos sistemáticos estaban omnipresentes, como si estuviesen esparcidos por el aire para el provecho de todos. De esta manera, el poeta de Arlanza era, además de autor, un sintetizador de fuentes diversas. A estas fuentes agregó él sus propios sentimientos, sus referencias al monasterio donde vivía, y la introducción que encabeza su poema como fondo histórico de las hazañas heroicas logradas por el primer conde castellano.

Varias fuentes directas e indirectas que se han mencionado con respecto al *PFG* incluyen *La Ilíada*, de Homero, *La chanson de Roland* y el *Poema de Mío Cid*. Las mismas técnicas de estructura encontradas en ellas aparecen también en el *Poema de Fernán González*. E. Correa Calderón ve varios tipos de paralelismos entre estos poemas y el *PFG*, aunque confiesa que no encuentra influencias directas de las obras indicadas. Lo que ocurre es que los tópicos comunes evocan la misma clase de lenguaje en la representación del héroe y de sus hazañas. Los dioses paganos, por ejemplo, de la antigua epopeya popular fueron reemplazados por los santos cristianos del medioevo. Y hay enumeraciones de jefes bélicos tanto en la épica pagana como en la cristiana. Del mismo modo, antes de las batallas, se dan las mismas arengas a los ejércitos, y se describen los mismos combates personales en la épica griega como en la francesa y española (303, 371, 705). Al héroe se le considera repetidamente como el guerrero sin par, invocando bien sea la ayuda de los dioses paganos o bien la del Dios cristiano. Los recursos retóricos, como el símil de la figura del león (287c, 420b, 493a), pueden remontar a la Biblia. Hay semejanzas de lenguaje y de técnica entre los poemas épicos tanto populares como eruditos, semejanzas tal vez causadas por los tópicos heroicos que se comparten entre toda la humanidad de una manera muy parecida.

Según E. Correa Calderón (1953), *El libro de Alexandre* (estrofa 278d) también ha contribuido con pasajes al poeta de Arlanza. Otras fuentes de que se sirvió incluyen la *Crónica* de Turpín, unas obras de Berceo (*Vida de San Millán, Loores de Nuestra Señora*), *Chronicon mundi* de Lucas de Tuy, y la *Historia gothorum* de San Isidoro de la cual el autor saca la loa de España (estrofas 145-158).

Tal vez por coincidencia, pero se cree que más bien por intención, el prototipo del caudillo militar para Fernán González es el héroe Gedeón, de inspiración bíblica. Las semejanzas entre los dos guerreros son tales que para demostrarlas dedicamos, más adelante, un breve estudio al "Carácter de Fernán González."

La fuente más importante para la obra, como ya hemos indicado, es un cantar épico, que ha desaparecido, de índole popular, juglaresco o clerical (Hernando Pérez 1986) que, junto con la *Crónica rimada*, sirvió como punto de partida para el códice del Escorial.

En cuanto a las influencias directas e indirectas que el *PFG* ha ejercido sobre obras posteriores históricas y artísticas, se pueden notar varios pasajes en el *Libro de buen amor* de Juan Ruiz y en los ejemplos 16 y 37 del *Conde Lucanor* de don Juan Manuel. El Arcipreste de Hita adaptó varios episodios del poema con fines satíricos en su *Libro de buen amor*. Algunas conexiones sutiles con el tópico central del héroe se ven refractadas en las serranillas de Juan Ruiz, y la idea del poder del dinero que se ve en la estrofa 445 del *PFG* se delinea extensamente en el *Libro de buen amor* (estrofas 490-513). El episodio del mal Arcipreste en el *PFG* (estr. 646, 648, 649, 652) también sirvió los propósitos satíricos de Juan Ruiz cuando éste corrompió el episodio en el encuentro del Arcipreste con la Chata en el *Libro de buen amor* (estrofas 952, 953, 956, 958, 971).

La popularidad del héroe se canta en el *PFG* y se acredita por unas diecisiete crónicas, unos 32 romances del siglo XIV y XV, tratando del tema condal; otra historia, y tres poemas de Gonzalo de Arredondo y Alvarado. En el Siglo de Oro el tema pasó al teatro con la comedia de Lope de Vega, *El conde Fernán González* (1623), y con *La más hidalga hermosura* (1645), de Francisco de Rojas Zorrilla. La obra del poeta arlantino ha dejado huellas en *La toma de Sepúlveda por el Conde Fernán González*, de Manuel Fermín de Lariano (s. XVIII); en *El conde Fernán González y la exención de Castilla*, drama histórico por José de Larra (s. XIX); en la obra, *The Count of Castile* (1830), de Telesforo de Trueba y Cossío; en *El primer conde de Castilla* (1849), de José Joaquín de Mora; y en otras obras de J. de la Rosa González (drama en verso), y de D. N. B. Silva (novela) también del siglo diecinueve, y en una película hecha en 1963 por un grupo hispanoamericano. Indudablemente hay otras influencias y paralelismos, tanto desconocidos como averiguados, que todavía no se han reconocido generalmente, y que quedan por revelarse en algún estudio oportuno de un investigador afortunado.

EL CARACTER DE FERNAN GONZALEZ

Para realizar su visión del héroe castellano el poeta arlantino lo contempla y lo moldea en su esencia según las características tradicionales de los dechados heroicos de la epopeya tradicional y de la Biblia. Es discutible si tal combinación de los diferentes héroes resulta en un héroe mayor que la suma de sus partes. Sin embargo, la personalidad de don Fernando es compleja y humanamente incompatible. El héroe de la brutal lucha inicial por la independencia de Castilla es a la vez religioso, generoso, rebelde, resignado, rudo, compasivo, vigoroso, y valiente batallador, noble de sentimiento y, en todo, tiernamente sumiso a la mujer. Puesto que el poema tiene una orientación erudita y religiosa, la religiosidad constituye un aspecto extraordinario que determina la particularidad del conde. El autor mantiene una actitud astuta con ojo simpático para con el cristianismo, y a veces definitivamente un ojo antipático al retrato del vasallo guerrero de Dios. Fernán González, personaje entrañable para Castilla, es por encima de todo la personificación del estado en la lucha por su independencia. La leyenda engrandece la figura histórica. El autor ha escogido a un héroe cuya vulnerabilidad abarca varias debilidades mortales que van de la inteligencia a la ingenuidad.

Entre las fuentes más curiosas que utilizó el poeta de Arlanza, se hallan las que le sirvieron para retratar el carácter del conde. No hay prácticamente nada en las crónicas que diera una idea clara del aspecto físico, individualizador del héroe castellano. Es de suponer que existían imágenes, efigies o estatuas del conde, las cuales perduraron hasta la vida del poeta en el siglo XIII, y así podían proporcionarle claras ideas de su protagonista. El poeta arlantino posiblemente tenía acceso a unos escritos o unas representaciones escultóricas o pictóricas, (que desde hace mucho tiempo desaparecieron), pero que también podían suministrarle una visión del modo de ser de don Fernando. Empero hoy, fuera del mismo *Poema de Fernán González,* de las crónicas y de los romances, sólo tenemos disponibles unos cuadros algo tardíos, tres de los cuales se reproducen aquí para proveer unas semblanzas del conde. El modelo literario no podía ser el del verdadero Fernán González porque éste, según las crónicas, no fue un individuo de virtudes excepcionales ni que había perpetuado hazañas personales verdaderamente admirables. Sin embargo, si uno se empeña en buscarlas, claro que las encontrará. Esto lo clarifica Fray Justo Pérez de Urbel al reiterar que el modelo a seguir para el poeta de Arlanza era difícilmente el personaje real, sino que tenía que ser el modelo que ofrecían los mitos: los otros cantos épicos, unos romances viejos, y los personajes bíblicos, a los cuales, como se puede averiguar, el héroe del poema actual se asemeja notablemente.[5]

Para formar la figura de don Fernando, el autor se basó en varias fuentes. En primer lugar, recurrió a las leyendas de héroes anteriores. Para la juventud del conde el poeta sacó un fondo humilde de la vida de San Eustaquio, según la cual el joven fue criado en la montaña entre carboneros, a pesar de su nacimiento noble.[6] El carisma que poseía el patriota castellano del *PFG* se reveló temprano en su vida: cuando salió del bosque por primera vez y vino al pueblo, aun entonces, la gente casi a su despecho acudió a él, reconociendo en él un caudillo natural.

El poeta agregó al escaso personaje histórico del conde castellano, un patrón más bien arcaico, universal, y arquetípico de los héroes bíblicos.

El autor recuerda a los guerreros de la Sagrada Escritura, a David con Goliat y hace referencias perspicaces a los jefes bélicos, incluso a Judas Macabeo, y sobre todo a los que se ven en las partes apócrifas de la Biblia.[7] Pero las semejanzas más chocantes de personalidad que se ponen a las claras son modeladas conforme

---

[5] Fray Justo Pérez de Urbel. *Fernán González, el héroe que hizo a Castilla* (Buenos Aires: Espasa-Calpe, 1953), pp. 184-87.

[6] Compárese con París en *El libro de Alixandre*. Gonzalo de Berceo; reconstrucción crítica de Dana A. Nelson, Madrid: Editorial Gredos, 1979, estrofas 346-357. Al nacer, rechazado por su madre, París fue criado por unos pastores. J. B. Avalle-Arce deduce que "la crianza de Fernán González por un anciano caballero, tal cual se cuenta en la *Crónica general* de 1344, era parte de la gesta juglaresca perdida, mientras que la crianza por un carbonero, como se lee en *PFG*, es, efectivamente, contribución original del monje de Arlanza, ajena a la tradición." ["*El Poema de Fernán González*: clerecía y juglaría," *Philological Quarterly* 51 (1972), p. 67].

[7] Judas Macabeo fue uno de los cinco hijos de Matatías. Libro I de los Macabeos, III.

al guerrero bíblico Gedeón, tanto en su relación sumisa a Dios, como en sus preparativos y estrategia para conducir batallas y en su empresa emancipadora de su propio pueblo. Imitando la peculiar condición de Gedeón, el poeta de Arlanza hace de Fernán González un hombre impetuoso, pero quien, inspirado por Dios, logra grandezas, conquistando a enemigos que cuentan con fuerzas superiores a las suyas. De acuerdo con las dimensiones históricas, Fernán González no es un guerrero sobrehumano, ni infalible, ni tan digno y prestigioso, por ejemplo, como lo es el Cid. En cambio, parece ser más bien simple y terco en su preocupación profunda y apasionada por la libertad personal. Es, por lo tanto, un ansioso instrumento de las decisiones tomadas para él por su soberano Dios.

Faltándole un personaje de suficientes proporciones religioso-heroicas en las crónicas, el escritor intentó crearlo del material que encontró en el Antiguo Testamento. Las inconsecuencias de carácter del conde castellano son iguales a las que aparecen en Gedeón. El poeta trata de suprimir, pero sin éxito, el aspecto rebelde de Fernán González y poner hincapié en las convicciones religiosas del redentor español y en esto sí que consiguió mayor éxito. De este modo, convirtió a don Fernando en el acertado héroe social y nacional. El autor organizó los temas populares y bíblicos con la finalidad de reestructurar la historia para hacerla concordar con su meta idealista y comercial, que fue la de crear un héroe tan atractivo que su sepulcro en el monasterio de Arlanza atrayera a los devotos.

El poeta ajusta suficientemente las fuentes para poder poner de relieve un patrón verosímil de un héroe caracterizado por su servicio como el brazo escogido por Dios. La elección divina suplementa sus deficiencias mortales, y le permite cumplir con su misión de redimir a su pueblo, afligido por los opresores tanto cristianos como islámicos. En dicha misión, divina para Fernán González, la voluntad de Dios siempre tiene importancia primordial, guiando el destino del caudillo y del pueblo castellano, "el su pueblo loçano"(451a). El poeta establece así al héroe mayor en sabiduría que Salomón y tan valeroso como Alexandre (estr. 351). En breve, el poeta empleó modelos de héroes antiguos sacados de la epopeya y de la Biblia, con los cuales Fernán González está estrechamente ligado y según los cuales su carácter artístico fue desarrollado. El poeta no crea un guerrero divino, ni siquiera grandioso, sino uno que se subordina a los dictados religiosos. En su prudencia, don Fernando somete su libre albedrío voluntariamente a la voluntad divina. Fernán González es, en efecto, un instrumento de Dios, por el que se gana la independencia de Castilla. A veces, siguiendo el hilo mortal del emancipador, se narran sucesos en que el conde es tan humano que se ve en condiciones ridículas. Por ejemplo, cuando se encuentra en cadenas en la prisión, Doña Sancha, su novia, "fermosa donzella," lo libera, llevándolo a cuestas fuera de su cautiverio para asegurarle su escape. El papel heroico de la mujer se ensancha, mientras que se disminuye en igual proporción el heroísmo de Fernán González. En contraste con el personaje histórico que tiene fama de soberbio, Fernán González en el *PFG* se establece con sentimientos mucho más democráticos. Consulta a sus lugartenientes siempre antes de tomar sus decisiones. Sin embargo, no suele seguir los consejos de sus subalternos, sino que se atiene a los dictámenes que proceden mediante sueños y revelaciones milagrosas de los santos y de Dios.

El conde es un hombre de acción, hasta cierto punto aventurero, sin familia, salvo la novia --más tarde esposa-- en el *PFG*; aunque en las crónicas don Fernando es hombre que contrae dos matrimonios y procrea a varios hijos. Si bien es hombre de fe, por lo menos en una ocasión de debilidad, parece perderla. Dicha falta, o disminución de la fe, ocurre en un trance difícil cuando el conde se siente abandonado al verse traicionado por el rey navarro. En ese momento amargo, blasfema contra Dios, echándole la culpa por sus fracasos.[8]

---

[8] Cuando el conde se siente injustamente abandonado por Dios, se queja. "Si fueses en la tierra, serías de mí rebtado"(605a).

Fernán González, rebelde de hecho, se había sublevado contra el rey de León y había luchado contra los reyes moros, pero en este caso, pensando pasar los límites humanos en su acusación a Dios, refleja la frustración que siente en su espíritu abatido. La rebeldía del conde alcanza tales proporciones extravagantes, que de por sí censura la debilidad humana. Tal acción, que emana de la desesperanza mordaz y que conduce a una corrupción irracional de la fe, había sido demostrada en el *PFG* solamente por el infiel Almanzor, quien blasfemó de su profeta Mahoma. De igual manera con su blasfemia, don Fernando se encuadra en la misma clase de los 'infieles'. Sin embargo, hay que advertir que Almanzor no blasfemó contra Alá; en cambio, Fernán González lo hizo contra su Dios. En esta ocasión, evidentemente no actúa como un verdadero héroe cristiano, sino como un hombre impetuoso y beligerante, hasta insensato. La manifiesta bifurcación forma parte de la ambigüedad que el poeta infunde en el carácter del conde.

La personalidad de Fernán González es múltiple, y como se acaba de observar, inconsistentemente desarrollada, aunque su rebeldía es compatible con su carácter, incluso cuando se dirige contra su Dios. Además del elemento de la fragilidad humana que el poeta arlantino hace notar en el conde, hay para equilibrarla cierta nobleza de personalidad que remonta al verdadero origen noble del héroe: el conde está dispuesto a sacrificarse por el pueblo; asume la culpa por la muerte del rey Sancho, mientras ruega al rey García de Navarra que libere a los castellanos a cambio de la sumisión personal del conde (estr. 607).

Como hombre mortal, el conde no es invencible y sufre heridas, como los demás soldados, en el campo de batalla. Aunque divinamente inspirado por dentro, no está protegido en manera igual por fuera. Además, no es estimado ni reverenciado (salvo cuando está encarcelado) por sus seguidores, como se reverencia a un jefe casi divino. Su mortalidad lo hace susceptible a los reproches de su pueblo. Pero, a pesar de las dudas que su gente experimenta sobre él, acusándolo de codicioso (345c), el pueblo lo considera indispensable para su bienestar y se siente completamente dependiente de él. Las tropas del líder lo regañan tras períodos de separación como un niño regañaría a sus padres por haber sufrido su ausencia excesivamente larga. En total, el contacto del conde con el pueblo conduce a una profundización de su relación que sube a un punto emocionante cuando está encarcelado y sus seguidores le erigen una estatua a la cual confían su destino como lo confiaban a su misma persona de caudillo.

Aparte las características de tipo ordinario ya señaladas, Fernán González puede demostrar la magnanimidad al mandar su botín a la ermita de San Pedro de Arlanza (249). La generosidad de don Fernán también se patentiza al dar un entierro en consonancia con su rango social a su rival, el conde de Tolosa (381). El poeta hace resaltar la ternura y compasión del conde cuando, después de matar al tolosano, el mismo don Fernando lo honra, lavando y vistiendo el cadáver, que después hace transportar a Tolosa con los honores funerarios (estr. 380). De igual manera su liberalidad se exhibe provechosamente cuando el rey leonés admira su caballo y halcón queriendo comprárselos a Fernán González, y éste se los ofrece gratis. El rey insiste en pagarlos con la bien sabida estipulación de pagar la suma geométricamente duplicada con cada atraso diario, hasta que consecuentemente la suma alcanza tales proporciones que no había riqueza nacional en Europa que pudiera pagarla, y la única recompensa satisfactoria es la que otorga la anhelada independencia al condado castellano.

La personalidad del conde castellano tiene sus incompatibilidades, entremezclando las virtudes con las imperfecciones humanas. En varios momentos, Fernán González jura no rendirse al cautiverio (551), que para él sería peor que la muerte. En efecto jura matarse antes de dejarse llevar prisionero. Pero cuando está amenazado con el aprisionamiento, decae en una resignación ante la aparente inevitabilidad de dicho suceso. Encontrándose desarmado, no ofrece resistencia personal ni sicológica digna de un valeroso jefe que ha declarado que la cautividad sería insoportable (442, 449). De hecho, no arriesga su vida para guardar su libertad, y sin resistencia alguna permite su propia captura. Sucumbe demasiado fácilmente (601). Cuando viene el momento decisivo de rechazar o consentir el encarcelamiento, opta por lo segundo. De acuerdo, parece pesarle mucho el cautiverio; hasta se desmaya cuando lo ponen en cadenas (603), pero desmiente sus declaraciones que la muerte sería más bienvenida que la cautividad (442, 449, 552). Esta inesperada separación del conde de su ejército presenta al autor arlantino la oportunidad de subrayar la indispensabilidad del caudillo al pueblo castellano. Durante su encarcelamiento sus devotos y leales seguidores edifican una réplica suya y la llevan delante de ellos como consuelo e inspiración por apetecidas victorias morales y físicas.

Bien que se resigna ante el encarcelamiento odiado, en cambio, la resignación ante el abandono por Dios (sólo se parte el altar en el momento de su cautiverio) (601) se convierte en inmediata resistencia (605) impía. El conde es un rebelde natural: contra el rey de León, contra los reyes moros, y aun contra su Rey Eterno. El poeta presenta al héroe humanamente ingenuo. Despertando reminiscencias de Almanzor, quien denuncia a su profeta por haberle abandonado en una batalla, el poeta de Arlanza enfatiza la impetuosidad de Fernán González cuando éste se aleja de la inspiración divina. Si en dicho caso no se aproxima a la figura de Cristo, sino más bien a la de Belcebú, en otras ocasiones sí que emula a Cristo. Ya se ha notado el abandono que sufre el héroe que evoca el mismo sentimiento que experimenta Cristo en la Cruz (551-554); el conde también duerme (como Cristo en el barco, o como el Cid en el momento del escape del león) cuando sus tropas se encuentran en grandes apuros. Al despertarse, la figura condal, hecha aquí a imitación de Cristo, restablece el orden deseado. Hay varios recuerdos de Cristo en el *PFG*. Estos incluyen el presagio del sufrimiento que sobrevendrá al conde ''de terçer' día'' (241). Esto, a imitación de Cristo cuando bajará al infierno. Y como Cristo en sus momentos más difíciles el conde reza, incluso en el pleno despliegue de las batallas (503, 509, 550, 574).

Fuera de la emulación de Cristo, el poeta perfila a su héroe en su bravía feudal con matices animalísticos: ''león bravo'' (287c);

"más bravo que serpiente" (520a), "águila fanbrienta" (731b), "vueitre carniçero" (174d). Pero hay que destacar que se excluye la comparación con el oso: "non so yo oso bravo por vevir en montañas" (181b), anuncia el conde. El poeta agrega los tonos del hombre fuera de serie: "cuerpo de buenas mañas" (226a), "conde aventurado"(283b), "argulloso" (379a), "sin crueldat" (375a), "guerrero natural" (376a), "de los fechos granados" (465a), "leal cabdillo"(491a), "nunca fue en el mundo otro tal cavallero" (174b), y metafóricamente es "de ardides, cimiento, / señor de buenas mañas, de buen enseñamiento" (733ab).

En fin, el poeta de Arlanza ensalza la religión, y eleva lo divinamente sobrenatural para concentrar la grandeza en Dios, y no en una criatura humana aunque ésta fuera sin par. Para el poeta, y para su auditorio, el héroe verdadero del *PFG* no es ningún hombre mortal, sino el Dios inmortal. Fernán González está reducido a no más que un vasallo de Dios (412b), y que permanece subordinado a la perfección de Cristo y a la de Dios y no a un rey mortal e imperfecto.

El poeta del *PFG* evita edificar un culto a la personalidad del conde, diferenciándose del otro poeta anónimo del Cid, sino que el arlantino realza el culto a lo divino. El autor, monje anónimo, subordina constantemente a Fernán González a la Excelencia omnipotente, elevando la religión y subrayando el elemento sobrenatural. De este modo, socava la grandeza del héroe, quien de otra manera sería el objeto de adoración, de fe, de confianza, si fuese pintado más grande que la vida en forma parecida al Cid. El Cid se encuentra solitario encima de la pirámide humana jerárquica, y emplea los agüeros y la religión para sus propios designios. En cambio, Fernán González, creado por un religioso, hace el papel de un vasallo sumiso y no el de un señor imperante.

FERNAN GONZALEZ COMO GUERRERO

Fernán González, el héroe revolucionario, tenía varios antagonistas. Uno de ellos, en primer lugar, fue el rey de León, y después otro, el rey de Navarra, y entre estos dos se situó el conde de Tolosa, y como añadidura, apareció un rey africano, apodado "almanzor." Para superar a tales jefes enemigos el poeta necesitaba crear un guerrero de extraordinaria proeza, uno que sería digno de llevar el cognomento histórico congruente con el destino nacional, "el libertador de Castilla."

Como ya hemos sugerido, resultó imposible encontrar tal imagen del héroe en las crónicas, puesto que, en efecto, el conde castellano fue un individuo de virtudes algo ordinarias. Así el poeta de Arlanza decidió recurrir a la Sagrada Escritura y encontró al dechado de su héroe, en parte por lo menos, en el bíblico Gedeón. Le endosó de favores extraordinarios y en cierto sentido favores divinos, los cuales constituyeron paralelismos entre don Fernando y Gedeón. Entre los paralelismos se destacan: a) el origen humilde, b) el pueblo desesperado, y c) la elección del héroe para acaudillar al pueblo.

a) Ni un héroe, ni el otro, tiene educación formal; ambos héroes salen de círculos pobres donde fueron criados en ambientes rústicos (uno en la montaña entre carboneros pobres, otro de familia pobre: "Salió de las montañas, vino para poblado, / con el su pobrezillo que lo avía criado"(183ab); "Perdón, señor mío, ¿cómo voy a salvar yo a Israel? Mi clan es el más pobre de Manasés y yo el último en la casa de mi padre," (*Jueces*, cap. 6, v. 15). Pero desde su cuna humilde gradualmente ascienden a ser caudillos meritorios mediante la intervención divina, que los rodea de milagros para que puedan servir de emisarios de la fe escogida.

b) Se pueden discernir semejanzas entre los dos pueblos que circundan a los dos héroes --el pueblo hebreo y el castellano. Ambos pueblos piden la ayuda divina (*Jueces*, cap. 6, versículo 15; *PFG*, estr. 190). Los dos claman a Dios en su padecimiento causado, según ellos, por sus grandes pecados (*Jueces*, cap. 6, versículos 11, 16; *PFG*, estr. 100, 113).

c) "Metieron el condado todo en su poder, / non podían en el mundo mejor señor aver"(184cd). Hay esta diferencia entre los dos: Fernán González fue elegido por el pueblo, mientras que Gedeón fue seleccionado por Dios y mandado para salvar a Israel (cap. 6, v. 14).

Fernán González, conforme al poeta, es el mejor hombre de armas que jamás haya vivido (*PFG*, estr. 519, 521) mejor incluso que Gedeón.

No es de extrañar este superlativo, puesto que el héroe fue formado de un conjunto de varios guerreros bíblicos: Saúl, David, Josué, Judas Macabeo, y principalmente de Gedeón. El último está especialmente relacionado en espíritu con Fernán González. El bíblico Gedeón en el *Libro de los Jueces*, caps. 6-8, era la salvación de Israel cuando los hebreos fueron perseguidos por los madianitas. Fernán González, en emulación de Gedeón, actúa como un jefe guerrero cuya fuerza reside no en sí mismo, sino en su fe, en la religión, y en su confianza en Dios (444, 447). Tanto las hazañas de Gedeón como las de Fernán González son esfuerzos hechos para unificar a un pueblo y para encabezarlo en su lucha emancipadora contra sus enemigos comunes. Durante su ausencia, el pueblo llora (243). El poeta arlantino erigió a su héroe belicoso en la imagen del héroe Gedeón del libro bíblico de los *Jueces*, y asimismo, infundió en él igualmente la profunda dependencia en la espiritualidad religiosa.

La semejanza entre los dos campeadores apasionados se extiende a la estrategia celestial que marca las campañas así de los israelitas como de los castellanos. Aunque Fernán González consulta a sus ayudantes, igual que Gedeón, no les hace caso, prescindiendo de sus consejos y siguiendo sólo los que se le revelan de la Entidad divina. La estrategia pide fuerzas basadas en el número tres. Cada uno de los dos caudillos guerrea en batallas importantes con igual número de soldados, 300 (estr. 267d, *Jueces*, cap. 7, v. 6).

Después de un despliegue temeroso de la presencia de Dios ante el caudillo, Gedeón le consagra un altar en el mismo lugar, como acción de gracias (*Jueces*, cap. 6, vv. 19-24). Similarmente

Fernán González promete pagar su deuda a Dios con la edificación del monasterio de San Pedro, y propone mantenerlo con continuas contribuciones. Tiene la donación tan sólo una condición: Dios le ayudará a conquistar a los moros (estr. 248-251). Finalmente, la analogía avanza con ambos héroes encarándose con un enemigo que profesa una religión distinta. Por consideraciones religiosas, Fernán González y Gedeón interpretan cada maniobra de guerra como algo ordenado por el mismo Dios, mediante agüeros y presagios que determinan su estrategia de batalla (419), acción que es digna de los intrépidos campeones escogidos por Dios, puesto que dependen de la religión para su inspiración. Aunque ambos héroes y sus pequeños ejércitos respectivos (205c) están abrumados por las numerosas huestes enemigas (199d), la ayuda divina les garantiza la victoria contra el enemigo (*Jueces*, 6, 14; PFG 432).

De modo que aunque el carácter del joven Fernán González revela influencia de la personalidad de San Eustaquio, a medida que pasa el tiempo y crece su poder, su progreso guerrero es regido al final de cuentas por el deseo del poeta de Arlanza de conservar a su héroe en las huellas del Gedeón bíblico.

Fernán González es mucho más falible que el otro héroe castellano de la epopeya, el Cid, y aquél nunca se aproxima en su dignidad a la de Ruy Díaz, aunque experimenta, como el Cid, circunstancias similares a las de la vida de Cristo, como ya hemos indicado. Para concluir, Fernán González, es guerrero fuerte, pero a la vez es hombre de carne y hueso; a veces se ve frustrado y ridículo, y de vez en cuando hasta comparece grosero. Vive el mito entrelazado con las aspiraciones nacionales de Castilla. El conde castellano no se preocupa por la gloria mundana, sino, más bien, busca la gloria que viene después de la muerte (355-59). Siguiendo este rumbo no sabía conformarse con el mundo, tal como lo encontró, sino que, con la cooperación de los suyos, logró transformarlo según el criterio de dictámenes que rigieron sus pensamientos. Por último, en vista de las fuentes multiformes, la fibra moral del héroe sintetizado es determinada por las normas morales pertenecientes a su creador, el mismo poeta de Arlanza.

LA ESTRUCTURA DEL *PFG*

El *Poema de Fernán González* es una obra artística, sumamente interesante y dividida en tres partes: a) la historia de España, b) la juventud de Fernán González, c) la madurez del héroe y su lucha por la independencia de Castilla. El *PFG* se revela incompleto en la tercera parte, e imperfectamente pulido en las tres. ¿Cómo explicar el estado de la obra? Tal vez el compositor monje-poeta había encontrado impedimentos insuperables para terminar la obra, o, si no es imputable al autor la responsabilidad de las deficiencias, pueden atribuirse, tal vez, a los estragos del tiempo o, a lo mejor, a los copistas que produjeron, en el siglo quince, el manuscrito único de esta preciosa obra. Cualesquiera que sean las numerosas explicaciones, nos hemos de contentar con la versión en que se ha conservado el poema.

La narración omitida en el manuscrito, sobre todo el encarcelamiento del héroe en León, que se ve prefigurado y que debía aparecer al final, puede suplirse acudiendo a las crónicas. La *Primera Crónica General* continúa con el encarcelamiento del conde en León y con su escape planeado por su esposa. La crónica agrega por último la realización de la independencia castellana.

El *PFG* consta de 764 estrofas monorrimas. Según el mester de clerecía, la mayoría de los 3070 versos cumplen con las prescritas catorce sílabas por cada verso, pero, como ya se sabe, hay ciertas negligencias en la poética. Hay que utilizar la sinalefa y la sinéresis para disminuir, o el hiato y la diéresis para aumentar, el número de sílabas y así mantener las requeridas catorce sílabas por verso. Repetidas veces el tiempo imperfecto en -ía, -íe, debe leerse como diptongo en una sílaba -ie, -ia (615c, 618b). También hay que notar que a veces estas ayudas de la licencia poética no bastan para regularizar el verso, porque la versificación se encuentra defectuosa en diversas ocasiones, y solamente una reconstrucción drástica sería la forma de cumplir con los requisitos métricos, pero tampoco se debe insistir en la versificación estricta a costo de la violación del texto. A veces Menéndez Pidal se conforma con algo entre estos dos extremos y por tanto generalmente admitimos su reconstrucción. Sin embargo, los defectos de versificación pueden resolverse durante la recitación, o canto oral y rítmica del poema.

De las tres secciones que constituyen el *PFG*, la primera parte (estrofas 1-173) trata de la historia de España que precede al período de Fernán González. La compilación histórica se considera contribución del mismo poeta arlantino. Esta primera sección resume los anales de: a) los reyes godos, b) la conquista de España por los moros, c) la reconquista cristiana hasta el siglo X, d) el elogio de España, e) y la enumeración de los jueces de Castilla hasta el advenimiento de Fernán González.

La segunda sección (estrofas 174-572) deriva probablemente de un poema épico de índole popular, y presenta: a) la vida legendaria del héroe, b) su supremacía sobre los musulmanes en dos batallas, junto con c) su lucha contra el reino de Navarra. Las batallas también tienen sus discernibles divisiones. Por ejemplo, el primer combate contra los musulmanes en Carazo revela: a) los sucesos que le preceden; después viene b) la toma de Carazo, c) el enojo de Almanzor, d) el acercamiento del ejército musulmán, e) las discusiones de los castellanos sobre la lucha pendiente, f) la caza del conde que resulta en la profecía de su triunfo, g) el jinete y caballo engolfados por el abismo, h) la pelea a través del campo hasta la tienda de Almanzor, i) enojo y fuga de Almanzor, j) la persecución del enemigo, k) la recolección del botín, y finalmente, l) las donaciones al monasterio de San Pedro de Arlanza. Después de esta batalla contra los moros, sigue la primera contra los navarros y a ésta la sigue la segunda batalla contra los moros, y todas tienen organización parecida.

La tercera sección que celebra la liberación de Castilla, se contiene en las estrofas 573 a 764. Se narran nuevas batallas y conflictos nacionales y personales. La liberación de Castilla incluye: a) las cortes de León, b) la captura y encarcelamiento del conde en Navarra, c) su escape con la ayuda de Sancha y el casamiento con ella, d) sigue la segunda batalla contra Navarra con la captura de García Sánchez junto con su liberación, y por

xlii

último, e) se narra la tercera batalla contra Navarra. El truncamiento del códice deja incompleta la narración épica que R. Menéndez Pidal supo suplementar con la información sacada de la *Primera Crónica General* sobre el segundo encarcelamiento del conde que se prefigura en el *PFG*.[9] Las características típicas del género épico tradicional, que tiene casi tres milenios de existencia, aparecen reflejadas en la obra del poeta de Arlanza que emplea los rasgos populares, mientras que compone su obra según los artificios del nuevo erudito mester de clerecía. La así llamada "forma erudita" mantuvo cercana afinidad con la estructura de la antigua forma popular del mester de juglaría. En lo que atañe a la versificación, al lado de la rima consonante ocurre también en aisladas ocasiones la asonante en (é-o), (é-e). Hay tendencias en la obra hacia la rima interior. Algunos versos son irregulares, y el tres por ciento de la rima se considera defectuosa. Hay además lagunas de líneas y de pasajes enteros a lo largo de todo el texto.

El lenguaje y su fraseología demuestran una variedad que abarca tanto unos giros excepcionales e inusitados como expresiones formularias. Interesante es la relación entre el auditorio y el ejecutante que se pone de manifiesto en sus fórmulas de comunicación. Dichas fórmulas no parecen representar lo más original del autor, sino más bien un tipo de cliché, que abunda en la producción literaria del siglo XIII. El poeta se dirige en un estilo conversacional al auditorio de igual modo como lo haría el juglar: "commo avedes oído"(28a); "bien creo que lo oyestes alguna vez contar" (118d), "non vos quiero la razón alongar" (159c). El autor, a la manera de Gonzalo de Berceo, hace alusión a las fuentes escritas en que está basado su relato: "commo el escrito diz, nos ansí lo fablamos" (14c). Por estas fórmulas cíclicas, la estructura narrativa pone de manifiesto que el poeta de

---

[9] El articulista J. P. Keller, ha hecho patente que los encarcelamientos históricos del conde en León y Navarra se invierten en secuencia cronológica en el *PFG* y las dos mujeres del conde histórico se reducen en una sola ["Inversion of the Prison Episodes in the *PFG*" *Hispanic Review* 22 (1954), 253-63].

Arlanza está pensando en un público cuya atención necesita ser vivificada repetidas veces. Es decir, el autor prepara, en efecto, una lectura en voz alta y a esta condición se deben muchos de sus recursos narrativos. Los epítetos son más variados en este poema erudito de lo ordinario en otros más populares. Pero, aun en su variedad, siguen la veta de la antigua tradición homérica, porque el héroe medieval cristiano permanece en el mismo molde humano que enmarca también al habitante de la época pagana de Homero.

En este poema, puesto que es obra de un erudito, hay menos fórmulas que en la epopeya popular, sin embargo el lenguaje se mantiene parecido: "Otro día mañana"(252a), "començaron las alas los gallos a ferir" (487b); "de llorar de sus ojos"(114b), "de los ojos llorando" (397c). Los prejuicios sociales permiten apreciar a los hombres enemigos, pero no a su religión: "un rey de los de Africa, valiente cavallero"(535c), mientras que en su total el enemigo está caracterizado como "la gent' descreída" (232c), o "del pueblo descreído"(186b). En cambio, los castellanos son "el pueblo cruzado"(255d), y "gente fuerte e ligera" (662c). Si no pelean bien con un arma, usan otra: "Alfonso, una lança dudada"(123c), no es "lança fardida" como lo era Alvar Fáñez en el *Poema de Mío Cid*: por consiguiente, aunque 'dudada' puede interpretarse como 'temida', Alfonso prefiere combatir "con su espada" (123d). La confrontación con el general moro, uno de los almanzores como ya se ha visto (unas variantes de su apodo son Almançor, Almoçor, Almozor, Almozore), o sea, uno de los 'vencedores' lleva al conde a gritar, "vençremos los poderes d'ese rey Almozor, / ... / él será el vençido, yo seré el vençedor"(222b, d).

Algunas de las fórmulas acaecen en episodios bélicos. Las batallas convencionalmente son precedidas del rito religioso que suele celebrarse: "misa fueron a oir" (487c), y "todos oyeron misa"(516b). Junto con la misa hay plegarias que se repiten esporádicamente, "Señor, tú me guarda"(397d); "Valas me ... Cristus"(501c, 509c). Hasta en plena batalla reza el conde: "alçó al çielo los ojos, al Criador rogando" (550c). Son escenas importantes para indcar la armonía religiosa del pueblo castellano y el poder del Dios cristiano en comparación con el de los infieles. Todo esto subraya el hecho de que se trata de una cruzada divinamente inspirada, una larga guerra santa.

En modo parecido a los dioses paganos que solían venir para ayudar a sus héroes en la epopeya griega y romana, como resultado de las confiadas invocaciones, la intervención divina se realiza a su vez para asegurar la victoria de los cristianos. La antigua fórmula de la intervención omnipotente surge nuevamente: "quis' Jesucristo gran miraglo mostrar" (118c), y luego, en la batalla de Hacinas, el conde castellano, "vio al santo apóstol que de suso le estava" (560b).

Los elementos de los sucesos marciales admiten variaciones y no tienen que aparecer todos dentro de un episodio, pero en conjunto suelen seguir un orden más o menos rutinario, como el siguiente: a) la profecía épica, hecha por un mensajero, un ángel, o un santo (238, 414); b) tiene lugar la asamblea de las tropas (196, 200, 696); c) se enumeran las armas, o los combatientes (454-464, 505, 507); d) se presenta el plan de batalla (453ss); e) se hacen las arengas a los ejércitos (222, 303, 437, 478, 525); f) suceden las invocaciones y se marca el progreso de la batalla (470, 542); g) sobreviene el combate personal (320, 376, 546-7, 704-7); h) la victoria del héroe; i) o aumenta el suspenso hasta que desciende la intervención divina; j) sigue la retirada del enemigo; k) la disposición de los muertos y recuento del botín. Después de la batalla de Hacinas el entierro de los finados se hace en "una ermita que es un buen lugar" (570), donde el mismo don Fernando también desea yacer: "mando m' yo allí llevar quando fuere finado" (571c). Este último verso recalca la intención propagandística del autor respecto a su monasterio de Arlanza.

LA ESTRUCTURA EPISODICA

Cabe mencionar la estructura episódica de la técnica narrativa del *PFG*, las tres partes del típico episodio son: a) la prefiguración, b) la activación, y c) la recapitulación. El clérigo, que recita o lee el *PFG* a un auditorio, tiene que tener en cuenta las distracciones que afectan a los miembros del público. Las distracciones pueden hacer al público perder fácilmente el hilo de la narración. Debido a esto, el recitador tiene que repetir varias veces la esencia de su cuento para poder mantenerlo vivo ante todos los oyentes. Así el narrador mantiene una vista panorámica ante los ojos de su público, y en el despliegue de los episodios informa al auditorio, primero, con la prefiguración del episodio que piensa contar; segundo, el narrador cumple con sus pronósticos y relata en detalle el entero episodio; y tercero, al terminarlo, el recitador concluye su relato con la recapitulación, o sea, otra paráfrasis en imitación a la prefiguración, de la esencia del episodio. De este modo, con estos principios narrativos se nutre el interés de los oyentes mediante las repetidas explicaciones tridentadas.

Para ilustrar la técnica, puede tomarse casi cualquier evento del *PFG*, como el del encuentro con Pelayo en la ermita (225-251), o la muerte del conde de Tolosa (374-385). Por ejemplo tomemos el segundo. Cuando el recitador habla de la muerte y entierro del conde de Tolosa, comienza con la prefiguración de la tragedia: "El conde de Tolosa mucho fue espantado / ca vio a don Fernando venir mucho irado" (374). En el combate personal que se emprende, el castellano mata al francés, y el narrador pasa a relatar el rito de embalsamamiento del cuerpo para transportarlo a Tolosa: "el conde argulloso, de coraçón loçano / oiredes lo que fizo al conde tolosano"(379). Al devolver el cuerpo a los tolosanos, y así al terminarse la tragedia, de nuevo el narrador recalca la calamidad, "llegaron a Tolosa, cabeça del condado, / fue commo de primero el llanto renovado"(385). Y así, cada episodio se narra detenidamente, repitiendo nombres y lugares y recapitulando acciones para dejar claras impresiones de lo sucedido en el auditorio. Finalmente, y antes de continuar con el episodio siguiente, el clérigo alude una vez más a lo que ha sucedido, "Dexemos tolosanos tristes e dessonrados"(386). Hecho esto se embarca en una nueva aventura del conde don Fernando contra un nuevo enemigo, "Que venía Almozore con muy fuertes fonsados" (387), y se ejerce de nuevo la misma técnica de la prefiguración, la activación y la recapitulación. Además de mantener el interés de los oyentes la técnica de repetición aporta la cohesión a la historia. La unidad de la narración se refuerza con las frases de transición que se intercalan en el texto en momentos oportunos: "allá do lo dexamos, así commo leemos, / en Estella l' dexamos, allá lo enpeçemos"(746). Recurriendo al *PFG*, se pone a las claras el hecho de que el autor de la obra dominaba bien la técnica estructural del género épico narrativo, y no dejó de practicarla para capturar y divertir los pensamientos y el raciocinio de su público.

LOS TEMAS

Como en cualquier obra de la extensión comparable a la del *PFG*, se encuentran aquí muchísimos temas: el dinero (445), la batalla (464), la prisión (449), etc. En el *PFG*, de tópico predominantemente patriótico y de envergadura nacional, inevitablemente se presentan los temas trascendentales y fundamentales de la vida: la muerte y resurrección. Dichos temas ocurren en forma real y simbólica. Los dos extremos de vida representan la cíclica naturaleza de los altibajos y vaivenes de la fortuna personal. Con los frecuentes temas bélicos del poema se entrelazan los del amor (639), del honor, la venganza, la esclavitud y la libertad. Con éstos, se involucran también los ubicuos temas de la religión proviniendo de la tradición judaico-cristiana. El poeta canta la victoria de Fernán González sobre Almanzor: "allí fue demostrado el poder del Mexías, / el conde fue David e Almozor Golías"(272). Junto con esto se muestra el tema fantástico en las voces celestes, en la aparición de Santiago, en el hundimiento del caballo y su jinete en un abismo, en la observación de la serpiente de fuego en el cielo y en el quebrantamiento del altar de la ermita cuando el conde fue tomado preso. En el fondo, queda como tema unificador del *PFG* el de la Reconquista.

Finalmente, no precisamente como tema filosófico, sino más bien como un concepto sutilmente sugerente de una totalidad, es el uso repetido del número tres y de sus múltiples. Este método de

xlvii

cohesión fue señalado por John Paul Keller,[10] quien apuntó que la estructura del *PFG* converge en dicho número. Keller descubrió que aunque aparecen usados varios números en el *PFG*, el poeta de Arlanza conservaba una fascinación por la cifra tres, en parte porque el número simboliza fenómenos naturales, tales como el nacimiento, la vida y la muerte. Dicho guarismo aparece 31 veces en la obra. J. P. Keller subraya que hay tres batallas, y tres muertos importantes: dos reyes musulmanes y uno cristiano. Keller incluye en su lista tres ermitaños; 30 lobos que matan 30,000 ovejas; el ejército de Almanzor tiene 130.000 caballeros (387); el ejército del conde se divide en tres partes (418d); el ataque es de tres lados, con 300 jinetes; [aunque también hay una parte de 200 caballeros y 6.000 peones (457-8)], y ''por tres tantos de moros'' no dejarían el combate (458); 30 hombres lo toman prisionero en Navarra (593); hay tres ciclos de batallas; las batallas duran tres días; se prende a 300 hombres; el seguimiento termina el tercer día; y el tema de la muerte y resurrección ocurre tres veces con el ciclo de subida, traición, caída, rematada con otra subida; y como ya se ha notado antes, hay tres secciones principales para el *PFG*. Se ponen de relieve expresiones concretando el número tres: ''tres monjes somos''(246a), ''non vale tres arvejas todo tu poderío,'' y el enemigo ''maguer que muchos son, non valen tres arvejas''(223a). Podemos añadir a todo esto que hay un típico desarrollo tripartito de los episodios, o sea se construyen con la prefiguración, la activación y la recapitulación que comentamos arriba.

Para concluir la consideración del concepto del número tres, observamos en el *PFG* que pasan tres años (744b) después de la venta del caballo y del halcón del conde al rey leonés, y cuando don Fernando reclama el precio de la venta, toda la riqueza de Europa no puede pagarlo (744d). Con esto, el mágico número tres juega el último papel decisivo en la independencia de Castilla. Por

---

[10] John Paul Keller. ''The Structure of the *Poema de Fernán González*,'' *Hispanic Review* 25 (1957), pp. 235-46.

el número tres con la predilección poética, el poeta arlantino diestramente conectó diversas ideas de procedimiento variado en su elaboración de la narración épica.

ESTA EDICION

Se conocen distintas ediciones del códice del *PFG*. Como base para nuestro texto empleamos la versión crítica editada por R. Menéndez Pidal en su estudio, *Reliquias de la poesía épica española* (1951). Adicionalmente, hemos consultado las versiones de Florencio Janer, C. C. Marden, E. Alarcos Llorach, J. M. Peña San Martín, y sobre todo las de A. Zamora Vicente, J. S. Geary, y Juan Victorio (véase la Bibliografía). Incluimos en esta edición ilustraciones del conde, del sarcófago condal en Covarrubias, y de las ruinas del monasterio de Arlanza.

Como es de esperar, cada editor impone sus propias preferencias en el texto que edita. De modo que para hacer comparaciones lingüísticas, o para apreciar la evolución de la lengua con la mayor precisión posible, es imprescindible acudir al original o al facsímil del manuscrito, con todas sus existentes idiosincrasias. Nuestro texto refleja la edición de R. Menéndez Pidal, quien, además, ha intentado restaurar escrupulosamente, y así regularizar aún más allá del poeta clerical, la cuaderna vía. Los transmisores de la epopeya juglaresca mezclaban los versos de 10, 12, 14 o más sílabas, pero los clérigos de la cuaderna vía se solían adherir enérgicamente a los versos monorrimos de 14 sílabas. Sin embargo, en el manuscrito escurialense, no han logrado regularizarlo todo los copistas del poeta arlantino, y los versos irregulares, a veces defectuosos se conservan de vez en cuando demostrando a la vez su espontaneidad, el entusiasmo, viveza y vigor que solían caracterizar los cantares juglarescos.

Como regla general retenemos la lengua antigua del manuscrito combinada con la transcripción de Ramón Menéndez Pidal, y con determinadas modificaciones de la ortografía: empleamos la *i* latina en lugar de la *y* griega, si la vocal está acentuada o no, según la ortografía moderna: coita (500d, 503d) por coyta, o cuita (550a) por cuyta, fuidos por fuydos, etc. Mantenemos el participio, según el manuscrito, en -*ido-a*, a pesar de que se interrumpe así el esquema métrico en algunos tetrástrofos (187, 232, 406, 705), y a diferencia de Menéndez Pidal conservamos la *y* griega cuando representa el adverbio del latín *ibi* 'ahí', aunque el insigne erudito la había preferido como *í* en su texto del *PFG*. Hay que notar además que el manuscrito suele dar *ay* por 'ahí', y hay variantes de ciertas voces como, por ejemplo, hazes (38v.17) aparece también como fazes (26r.4) y azes (37 r.11); o menester (5r.16) articulado en dos sílabas mester (estr. 517d); omne (2v.22) (estr. 34d), onbre (14v.9) (estr. 521b) etc. Debido a los bien conocidos requisitos de la métrica que exige catorce sílabas por verso, se emplea el apóstrofe para reemplazar la eliminación de la vocal final -*e* u -*o* final en algunas voces: fues' por fuese (473a), quis' por quise (400d), muer' por muere (354d), l' por le (6d), d' por de (365c), s' por se (19b), t' por te (404c), tovies' por toviese (75d), dies' por diese (470d), m' por me (413a), fiz' por fize (430a), l' por lo (746d), sol' por solo (209d), etc. Para aumentar la claridad, en unas ocasiones, separamos las voces aunadas en el manuscrito, como los pronombres con acento ortográfico: quel en qu' él, del en d' él, deste en d' éste, quel en qu' él (577b). En cambio no separamos los artículos, ni los adjetivos, ni los pronombres, si no llevan acento ortográfico: del, deste, dellos (733d).

Modernizamos la puntuación y regularizamos la acentuación ortográfica en la *í* de la segunda y tercera conjugación de los tiempos imperfecto y condicional, aunque en la época antigua se evidencia el acento fluctuante entre *ía* e *iá*, con sus variantes *íe*, *ié*. Sin embargo, el lector consciente del ritmo en el verso ajustará el acento según los requisitos poéticos.

Normalmente las voces, que en nuestra opinión merecen explicaciones en notas al pie de la página, suelen venir comentadas (e. g., deseredados 'desamparados' [3c], caveros 'caballeros' [45b]), al ocurrir por primera vez, y se dejan sin comentario adicional en el texto subsiguiente.

Los corchetes [ ], indican las lagunas del manuscrito que

suplimos con la versión prosificada en la *Primera Crónica General*. Para normalizar el ritmo del verso alejandrino de catorce sílabas, si no conservamos la forma del manuscrito (que a veces prescinde del hemistiquio), acudimos a las acertadas modificaciones en el silabeo hechas por varios editores, como R. Menéndez Pidal, A. Zamora Vicente, o Juan Victorio. Incorporamos, en letra corriente del texto presente, las reconstrucciones de la narración hechas por Menéndez Pidal. Su reconstrucción está sobrentendida, si solamente indicamos al pie de las páginas correspondientes la omisión del material en el manuscrito anónimo. Citamos también unas nuevas reconstrucciones hechas por Juan Victorio, quien las hizo, igual que Menéndez Pidal, a base de la *Primera Crónica General*. Le agradecemos su gentil permiso para usarlas.

La irregularidad en el silabeo se debe probablemente al origen del poema en la tradición oral juglaresca. Como ya se ha sugerido, para obtener catorce sílabas hay que utilizar a veces los elementos compensatorios de la licencia poética como la sinalefa, la sinéresis, la diéresis, o el hiato, y a veces se prescinde de la cesura del verso. Finalmente, empleamos en el texto las comillas izquierdas para iniciar cada estrofa de un coloquio continuo antes de cerrarlo con las comillas derechas al final de la enunciación.

El vocabulario y la gramática del *PFG* presentarán unas cuantas dificultades para el explorador de las delicias del lenguaje antiguo, pero a medida que se introduzca en la obra, se aclarará de igual medida la comprensión del texto.

Para el estudiante que se interese en profundizar su estudio del idioma, hemos incluido en nuestra Bibliografía varios ensayos pertinentes. Confiamos que esta edición, con sus comentarios y notas seleccionadas, resulte de provecho para todos los que sientan la atracción por este interesantísimo poema que ostenta una figura nacional de interés trascendental.

BIBLIOGRAFIA SELECCIONADA

Textos

Alarcos Llorach, Emilio. 1955. *Poema de Fernán González.* Madrid: Castalia.

Alvar, Manuel. 1989. *Poema de Fernán González.* Burgos: Plaza Mayor.

Correa Calderón, Evaristo. 1946 *La leyenda de Fernán González (ciclo poético del conde castellano).* Madrid: Aguilar.

Geary, John S. 1987. *Historia del Conde Fernán González.* A facsimile and paleographic edition with commentary and concordance. Madison: Hispanic Seminary of Medieval Studies.

Janer, Florencio. Et al. Reimpresión 1966. *Poetas castellanos anteriores al siglo XV. Biblioteca de Autores Españoles.* 57. Madrid: Real Academia Española. 389-411.

Marden, C. Carroll. 1904. *Poema de Fernán González,* texto crítico con introducción, notas y glosario. Baltimore: Johns Hopkins Press.

Menéndez Pidal, Ramón. 1951. *Reliquias de la poesía épica española.* Madrid: Espasa-Calpe.

Peña San Martín, José María. Et al. 1989. *Poema de Fernán González,* edición facsímil del manuscrito depositado en el Monasterio de El Escorial. Burgos: Ayuntamiento de Burgos.

Pérez Priego, Miguel Angel. 1986. *Poema de Fernán González.* Madrid: Alhambra.

Victorio, Juan. 1981. *Poema de Fernán González.* Madrid: Cátedra.

Zamora Vicente, Alonso. 1946. *Poema de Fernán González.* Madrid: Espasa-Calpe.

Traducciones

Irving, Washington. 1857. *The Works of Washington Irving.* Arregladas y redactadas por Pierre M. Irving. New York: G. P. Putnam's Sons. Tomo V, "Spanish Papers" contiene "Chronicle of Fernán González: Count of Castile," pp. 347-432.

Mills, Margarita W. (Mrs. D. J. Metzger) 1973. *Poema de Fernán González*. Traducción inglesa, tesis doctoral. Universidad de Guadalajara, Méjico.

Nougué, André. 1978. *Poema de Fernán González*. Traducción francesa con notas. Tolosa: France-Iberie Recherche.

Polidori, Erminio. 1961. *Poema de Fernán González*. Traducción italiana, con reconstrucción, comentarios y notas. Roma: G. Semerano, Taranto Tip. La Duemari.

Estudios seleccionados

Armistead, Samuel G. 1961. "La perspectiva histórica del *Poema de Fernán González*," *Papeles de Son Armadans* 21: 9-18.

Arredondo, Padre Fray Gonçalo de, Abad de San Pedro de Arlança. *Historia de la vida y hechos del conde Fernán González*. Esta obra queda en manuscrito, de papel del siglo XVI, y en folio; aparece descrita en el catálogo 22 de Nico Israel, "Libros raros." (Amsterdam: otoño de 1980), 33.

Avalle-Arce, Juan B. 1972. "*El Poema de Fernán González*: clerecía y juglaría," *Philological Quarterly* 51: 60-73.

Brevedán, Graciela R. 1976. "Estudio estructural del Poema de Fernán González," *Dissertation Abstracts* 38:821A. Tesis doctoral, University of Kentucky.

Cintra, Lindley. 1953. "O *Liber regum* fonte comum de *Poema de Fernao Gonçalves* e do *Laberinto* de Juan de Mena," *Boletim de Filologia* 13: 289-315.

Contrait, René. 1977. *Histoire et poesie. Le comte Fernán González. Recherches sur la tradition gonzalienne dans l'historiographie et la littérature des origines au "Poema."* Grenoble: Allier.

_____ 1973. "Pour une bibliographie de Fernán González," III, IV, en *Bulletin Hispanique* 75: 359-92; 383-410.

Correa Calderón, Evaristo. 1953. "Reminiscencias homéricas en el *Poema de Fernán González*," *Estudios dedicados a Ramón Menéndez Pidal* 4: 359-89.

_____ 1946. *La Leyenda de Fernán González*. Madrid: M.

Aguilar.

Davis, Gifford. 1948. "National Sentiment in the *Poema de Fernán González* and in the *Poema de Alfonso Onceno*," *Hispanic Review* 16: 61-8.

De Gorog, Ralph. 1969, 1970. "Una concordancia de *Poema de Fernán González*," *Boletín de la Real Academia Española* 49: 279-316; 50: 137-72, 315-36, 517-57.

Deyermond, A. D. 1960. "Una nota sobre el *Poema de Fernán González*," *Hispanófila* 8: 35-37.

_____ 1971. *The Middle Ages*. A Literary History of Spain. New York: Barnes & Noble.

Dorfman, E. 1969. *The Narreme in the Medieval Romance Epic*. Toronto: University of Toronto Press.

Dozy, R. P. A. 1913. *Spanish Islam*. London: Chatto and Windus.

Dutton, Brian. 1961. "Gonzalo de Berceo and the *Cantares de gesta*," *Bulletin of Hispanic Studies* 38: 197-205.

_____ 1967. *La "Vida de San Millán de la Cogolla" de Gonzalo de Berceo*. Estudio y edición crítica. London: Tamesis.

Garrido Moraga, Antonio M. 1987. *Concordancia del Poema de Fernán González*. Málaga: Universitat Autónoma de Barcelona/ Universidad de Málaga.

Geary, John Steven. 1980. *Formulaic Diction in the Poema de Fernán González and the Mocedades de Rodrigo*. Madrid: Porrúa.

Gimeno Casalduero, Joaquín. 1958. "Sobre la composición del *Poema de Fernán González*,"*Anuario de Estudios Medievales* 5: 181-206.

Guardiola Alcover, Conrado. 1971. *Cantares de gesta*. Zaragoza: Ebro.

Harvey, L. P. 1976. "Fernán González's Horse," *Medieval Hispanic Studies Presented to Rita Hamilton*. A. D. Deyermond, ed. London: Tamesis: 77-86.

Hernando Pérez, José. 1986. "Nuevos datos para el estudio del *Poema de Fernán González*," *Boletín de la Real Academia Española*. 66 (enero-abril).

Horrent, Jacques. 1977. "Hernaut de Beaulande et le *Poema*

de Fernán González," *Bulletin Hispanique* 79: 23-52.

Jorrent, Jules. 1951. *La Chanson de Roland dans les litteratures française et espagnole au moyen age.* Paris: Faculté de Philosophie et Lettres de l'Université de Liège.

Keller, J. P. 1955. "Hunt and Prophecy Episode of the *Poema de Fernán González,*" *Hispanic Review* 23: 251-81.

_____ 1954. "Inversion of the Prison Episodes in the *Poema de Fernán González,*" *Hispanic Review* 22: 253-63.

_____ 1956. "El misterioso origen de Fernán González," *Nueva Revista de Filología Hispánica* 10: 41-55.

_____ 1957. "The Structure of the *Poema de Fernán González,*" *Hispanic Review* 25: 235-46.

Lida, María Rosa. 1945. "Notas para el texto del *Alexandre* y para las fuentes del *Fernán González,*" *Revista de Filología Hispánica* 7: 47-51.

Lihani, John. 1986. "Las manifestaciones de la técnica juglaresca en el *Poema de Fernán González,*" en M. Criado de Val. Ed. *La juglaresca. Actas del Primer Congreso Internacional sobre la Juglaresca.* Madrid: EDI, 239-245.

_____ 1979. "Notas sobre la epopeya y la relación entre el *Poema de Fernán González* y el *Libro de buen amor,*" *Homenaje a Fernando Antonio Martínez: estudios de lingüística, filología, literatura e historia cultural.* Bogotá: Instituto Caro y Cuervo, 474-85.

Márquez-Sterling, Manuel. 1980. *Fernán González, First Count of Castile: the Man and the Legend.* University of Mississippi Romance Monographs. Valencia: Soler.

Menéndez Pidal, Ramón. 1959. *La epopeya castellana a través de la literatura española.* Madrid: Espasa-Calpe.

_____ 1954. "Fernán González, su juventud y su genealogía," *Boletín de la Real Academia de la Historia* 134: 335-338.

_____ 1957. *Poesía juglaresca y orígenes de las literaturas románicas.* Problemas de historia literaria y cultural. 6ª ed. Madrid: Instituto de Estudios Políticos.

Nelson, Dana A. 1979. Gonzalo de Berceo, *El Libro de*

Alixandre; reconstrucción crítica. Madrid: Editorial Gredos.

Nepaulsingh, C. I. 1986. *Towards a History of Literary Composition in Medieval Spain.* Toronto: University of Toronto Press.

Nougué, A. 1966. "Bibliografía sobre Fernán González," *Boletín del Instituto Fernán González* 166: 107-112.

Pattison, D. G. 1983. *From Legend to Chronicle.* Oxford: Society for the Study of Medieval Languages and Literature, 23-42.

Pérez de Urbel, Justo. 1952. *Fernán González, el héroe que hizo a Castilla.* Buenos Aires: Espasa-Calpe.

Perissinotto, Giorgio. 1987. *Reconquista y literatura medieval: Cuatro Ensayos.* Potomac, MD: Scripta humanistica, 53-87.

Pitollet, Camile. 1902. "Notes au *Poema de Fernán González*," *Bulletin Hispanique* 4: 157-60.

Richthoffen, Eric von. 1970. *Nuevos estudios épicos medievales.* Madrid: Editorial Gredos.

Smith, Colin. 1983. *The Making of the 'Poema de Mío Cid'.* Cambridge: Cambridge University Press.

Toro Garland, Fernando. 1973. "El Arcipreste, protagonista literario del medioevo español. El caso del 'Mal arcipreste' del *Fernán González*." En M. Criado de Val. Ed. *El Arcipreste de Hita: el libro, el autor, la tierra, la época. Actas del Primer Congreso Internacional sobre el Arcipreste de Hita.* Barcelona: S.E. R.E.S.A.

_____ 1978. *Cuatro entremeses medievales.* "Entremés del Arcipreste malo." Basado en un episodio del *Poema de Fernán González.* Madrid: Casón de Toro, 21-30.

Toscano, Nicolás J. 1980. *Edición crítica de los versos inéditos de Arredondo sobre Fernán González.* Tesis doctoral. University of Massachusetts.

Victorio, Juan. 1979. "La Chanson de geste comme moyen de propagande," *Les Lettres Romanes* 33: 309-28.

West, Beverly Sue. 1983. *Epic, Folk and Christian Traditions in the 'Poema de Fernán González'.* Madrid: Porrúa.

_____ 1982. *Poema de Fernán González: the Role of*

Tradition in the Growth of the Legend Through Epic, Folklore, and Christianity. Tesis doctoral. University of North Carolina.

Poema de Fernán González

POEMA DE FERNAN GONZALEZ

ORIGENES DE CASTILLA Y FERNAN GONZALEZ

I

Invocación

1   En el nonbre del Padre que fizo toda cosa,
del que quiso nasçer de la Virgen preçiossa,[1]
e del Spíritu Santo que igual dellos possa,
del conde de Castilla quiero fer una prossa.

2   El Señor que crió la tierra e la mar,
de las pasadas que yo pueda contar;
él, que es buen maestro, me deve demostrar
commo cobró la tierra toda de mar a mar.

Exposición

3   Contar vos he primero de commo la perdieron
nuestros anteçessores, en qual coita visquieron,
commo omnes deseredados[2] fuidos andodieron;
esa rabia llevaron que ende non morieron.

4   Muchas coitas pasaron nuestros anteçessores,
muchos malos espantos, muchos malos sabores,
sufríen frío e fanbre e muchos amargores;
estos viçios de agora estonz eran dolores.

5   En tanto deste tiempo ir vos he yo contando
commo fueron la tierra perdiendo e cobrando;
. . . .
fasta que todas fueron al conde don Fernando.

6   Como es muy luenga desde el tienpo antigo,

---

[1] Aunque al comienzo del Ms, y en ciertos lapsos (p. 56), se ve el uso de la *s* doble, por lo general predomina la *s* simple.

[2] deseredados: variante, desheredados (539c); 'desamparados'.

commo se dio la tierra al buen rey don Rodrigo,
com' la ovo a ganar el mortal enemigo,
de grande honor que era tornó l' pobre mendigo.
7 Esto fizo Mafomat, el de la mala creençia
. . . .
. . . .
predicó por su boca mucha mala sentençia.
8 Desque ovo Mafomat a todos predicados,
avían los coraçones las gentes demudados,
. . . .
e la muerte de Cristo avían la olvidados.
9 Desque los españones a Cristus conosçieron,
desque en la su ley bautismo resçibieron,
nunca en otra ley tornar se non quisieron,
mas por guarda de aquesto muchos males sufrieron.
10 Esta ley de los santos que oyeron predicada,
por ella la su sangre ovieron derramada.
apóstoles e mártires, esta santa mesnada,
fueron por la verdat metidos a espada.
11 Fueron las santas vírgines en este afirmamiento:
de varón non quisieron ningún ayuntamiento,
de los viçios del mundo non ovieron talento,
vençieron por aquesto al bestión mascariento.
12 Los primeros profetas esto profetizaron,
los santos confesores esta ley predicaron,
ca en los otros dioses verdat nunca fallaron,
san Joan lo afirmó quando l' descabeçaron.
13 Muchos reyes e condes e muchas potestades,
papas e arçobispos, obispos e abades,
por esta ley murieron, esto bien lo creades,
por ende han en los çielos todas sus heredades.

II

Los godos y la cristiandad

14   Tornemos nos al curso, nuestra razón sigamos,
tornemos en España a do lo començamos;
commo el escrito diz, nos ansí lo fablamos
en los reyes primeros que godos los llamamos.

15   Venieron estos godos de partes de oriente,
Cristo los enbió, est' pueblo descreyente;
del linax'³ de Magog vino aquesta yente,
conquirieron el mundo, esto sin fallimiente.

16   Non fueron estos godos de comienço cristianos,
nin de judíos de Egipto, nin de ley de paganos;
antes fueron gentiles unos pueblos loçanos,
eran para en batalla pueblos muy venturados.

17   Toda tierra de Roma venieron la avastando,
a los unos prendiendo a los otros matando,
. . . .
. . . .

18   Pasaron a España con el su gran poder,
. . . .
. . . .
era en este tienpo el papa Alexandrer.

19   Escogieron a España toda de mar a mar,
nin villa nin castillo no s' pudo anparar,
Africa e Turonia⁴ ovieron por mandar,
onbres fueron arteros, Cristus los quiso guiar.

20   Fueron de Sancti Spiritus los godos espirados,
los malos argumentos todos fueron fallados,
conosçieron que eran los ídolos pecados,
quantos creían por ellos eran mal engañados.

---

³ linax: linaje.
⁴ Turonia: Turenne en Francia.

21   Demandaron maestros por fazer se entender
       en la fe de don Cristus que avían de creer;
       los maestros, sepades, fueron muy volunter,
       fizieron les la fe toda bien entender.

22   Dixeron los maestros: "Todo esto non val' nada:
       bautizados non sodes en el agua sagrada,
       la qual culpa e error es erejía llamada;
       el alma de pecados será luego lavada."

23   Resçibieron los godos el agua a bautismo,
       fueron luz e estrella de todo el cristianismo,
       alçaron cristiandat, baxaron paganismo:
       el cond' Ferrán Gonçález fizo aquesto mismo.

Ultimos reyes godos

24   . . . .
       que fue muy leal miente de sus omnes servido;
       fueron de todo el mundo pueblo muy escojido,
       quanto el mundo durare non cadrán en olvido.

25   Quando los reyes godos deste mundo pasaron,
       fueron se a los çielos, gran reyno eredaron;
       alçaron luego rey los pueblos que quedaron,
       commo diz' la escritura, don Çindus[5] le llamaron.

26   Quando reynó don Çindus, un buen guerreador,
       era San Eugenio de españones pastor,
       en Toledo morava est' santo confessor,
       Ysidro en Sevilla arçobispo e señor.

27   Finó se el rey Çindus, un natural señor,
       a España e Africa ovo en su valor,
       dio les pastor muy bueno luego el Criador,
       rey Vanba vino luego que fue tal o mejor.

28   Vanba aqueste rey, commo avedes oído,
       venía de los godos, pueblo muy escojido;

_____

[5] Çindus: El rey visigodo Rocesvinto (649-672 d. de C.).

6

porque él non reinase andava ascondido;
nonbre se puso Vanba por non ser conosçido.

29 Buscando l' por España lo ovieron de fallar,
fizieron le por fuerça ese reyno tomar,
bien sabíe que con yervas lo avían de matar,
por tanto de su grado non quisiera reynar.

30 Rey fue muy derechero, e de muy gran natura,
muy franco e muy ardite, e de muy gran mesura,
leal e verdadero, e de muy gran ventura,
aquel que l' dio la muerte non l' falesca rencura.

31 Partió todas las tierras, ayuntó los bispados,
. . . .
estableçidos fueron lugares señalados,
commo fuesen los términos a ellos sojuzgados.

32 Fueron todas las cosas puestas en buen estado,
pesava con su vida muy fuerte al pecado;
dio l' yerbas e murió rey Vanba aponçoñado;
en paraíso sea tan buen rey eredado.

33 Reynó después un rey, Egica fue llamado;
dos años que non más visquió[6] en el reynado,
a cabo de dos años del siglo fue sacado;
non pesó al su pueblo, que fue malo provado.

34 Luego que finó Egica, a poca de sazón
fincó en Vautiçanos[7] toda la región,
est' niño de los godos, poderoso varón,
omne de gran esfuerço e de gran coraçón.

Prosperidad del rey Rodrigo

35 Finó se Vautiçanos, reynó el rey don Rodrigo:
avían en él los moros un mortal enemigo,
era de los cristianos sonbra e grande abrigo;

---

[6] visquió: vivió.
[7] Vautiçanos: Witiza, rey visigodo (702-710 d. de C.).

7

por culpa en que era non le era Dios amigo.
36 Este fue de allend' mar de gran parte señor,
    ganó los Montes Claros el buen guerreador,
. . . .
    commo perdió la tierra, esto es gran dolor.
37 Era estonçe España toda de una creençia,
    al Fijo de la Virgen fazían obediençia,
    pesava al diablo con tanta reverençia,
    non avía entre ellos envidia nin entençia.[8]
38 Estavan las iglesias todas bien ordenadas,
    de olio e de çera estavan abastadas,
    los diezmos e premiençias leal mente eran dadas,
    e eran todas las gentes en la fe arraigadas.
39 Vesquían de su lazerio todos los labradores,
    las grandes potestades non eran rovadores,
    guardavan bien sus pueblos commo leales señores,
    vesquían de sus derechos los grandes e menores.
40 Estava la fazienda toda en igual estado;
    avía con este bien gran pesar el pecado:
    revolvió atal cosa el mal aventurado,
    que el gozo que avía, en llanto fue tornado.

Traición del conde don Julián

41 Fijos de Vautiçanos non devieran nasçer,
    que esos començaron traición a fazer;
    volvió lo el diablo, metió y[9] su poder:
    esto fue el escomienço de España perder.
42 El conde don Yllán, commo avedes oído
    commo ovo por las parias a Marruecos torçido;
    ovo en este comedio tal cosa conteçido,

---

[8] entençia: 'contienda, pendencia'.
[9] y: del latín *ibi*, 'allí'.

por que[10] ovo el reyno ser todo destruido.

43 Fizo le la grande ira a traïción volver,
fabló con Vusarbán[11] que avía gran poder,
dixo commo podría cristianos confonder,
non s' podría nulla guisa España defender.

44 Dixo aquestas oras el conde don Yllán:
"Dígote yo verdat, amigo Vusarbán,
si non te do España non coma yo más pan,
de mí non fíes más que si fuese yo un can.

45 "Trespasaré con esto mucho aína la mar,
faré al rey Rodrigo sus caveros[12] juntar,
fer les e todas armas en el fuego quemar,
porque[13] después non ayan con qué se manparar.

46 "Quando esto oviere fecho sabrás de mi mandado,
travesarás el mar con todo tu fonsado;
commo será el pueblo todo bien segurado,
refez miente podrás conquerir el reynado."

47 Despidió s' de los moros, luego pasó la mar,
. . . .
deviera se el mesquino con sus manos matar,
pues que en la mar irada non se pudo afogar.

48 Fue luego para el rey qual ora fue pasado:
"Omillo m'," dixo, "rey, el mi señor onrado,
recabdé tu mensaje e cunplí tu mandado,
evas[14] aquí las parias por que oviste enbiado."

49 Resçibió lo muy bien el buen rey don Rodrigo,
tomó lo por la mano e asentó lo consigo.
Diz: "¿Cómmo vos a ido, el mi leal amigo;
de aquello por que fustes, si es paja o trigo?"

---

[10] por que: 'por lo que'.
[11] Vusarbán: Tariq ben Ziyad, gobernador árabe que invadió la peninsula en 711.
[12] caveros: variante, cavalleros (58c); 'caballeros'.
[13] porque: 'para que'.
[14] evas: 'helas'.

50 --"Señor, si tú quisieres mi consejo tomar,
¡grado a Dios del çielo que te fizo reynar!
Nin moro nin cristiano non t' puede contrallar;
¿Las armas, qué las quieres? Pues non as pelear.

51 "Manda por todo el reyno las armas desatar,
dellas fagan açadas para viñas labrar,
e dellas fagan rejas para panes senbrar,
cavallos e roçines todos fagan arar.

52 "Todos labren por pan, peones e caveros,
sienbren cuestas e valles e todos los oteros,
enriquescan tus reynos de pan e de dineros,
ca non as contra quien poner otros fronteros.

53 "Mas todos los varones a sus tierras se vayan,
ningunas armaduras defiende que non trayan;
si esto non fizieren en la tu ira cayan,
si non con las que aren otras bestias non ayan.

54 "Non as a los caveros por qué les dar soldadas:
labren sus eredades, vivan en sus posadas;
con mulas e cavallos fagan grandes aradas,
que eso an mester ellos que non otras espadas."

55 Quando ovo acabada el conde su razón,
mejor non la dixeran quantos 'nel mundo son;
. . . .
. . . .

Destrucción de las armas

56 Enbió el rey don Rodrigo luego sus cartas,
. . . .
. . . .
. . . .

57 Era la corte toda en uno ayuntada,
Aragón e Navarra, buena tierra provada,
León e Portogal, Castilla la preçiada,
non sería en el mundo tal provinçia fallada.

58 Quand vio don Rodrigo que tenía sazón,

10

ante toda la corte començó su razón:
"Oít me, cavalleros, si Cristo vos perdón,

. . . .

59   "Graçias a Dios del çielo que lo quiso fazer,
en aquesto le avemos mucho que agradeçer,
porque es toda España en el nuestro poder,
¡mal grado a los moros que la solían tener!

60   "Avemos en Africa una buena partida,
parias nos dan por ella la gente descreída,
mucho oro e mucha plata a llena medida,
bien somos ya seguros todos desa partida.

61   "El conde, cavalleros, las pazes a firmadas,
e por estos çient años las parias recabdadas;
pueden vevir las gentes todas bien seguradas,
non avrán ningún miedo, vivrán en sus posadas.

62   "Pues que todos avemos tales seguridades,
an vos a dar carrera porque en paz vivades;
peones e caveros e todas potestades,
que viva cada uno en las sus eredades.

63   "Lorigas, capellinas e todas brafoneras,
las lanças e cochillas, fierros e espalderas,
espadas e ballestas e asconas monteras,
metet las en el fuego fazer grandes fogueras.

64   "Faredes dellas fierros, e de sus guarneçiones
façed rejas, açadas, picos e açadones,
destralejas e fachas, segures e fachones,
estas cosas atales con que labren peones.

65   "Por aquesta carrera avremos pan asaz;
los grandes e los chicos, fasta el menor rapaz,
vivrán por esta guisa seguros e en paz;
quiero que esto sea, si a vos otros plaz.

66   "Aquesto que yo mando sea luego conplido,
así commo yo mando, quiero sea tenido,
a aquel que armas traxiere e le fuere sabido,
fagan le lo que fazen al traidor enemigo.

67   "Todo aquel que quisiere salir de mi mandado,

11

si en toda España fuere depués fallado,
mando que el su cuerpo sea ajustiçiado,
e que l' den tal justiçia commo a traidor provado.''
68 Fue fecha la barata atal commo entendedes,
vio lo el diablo que tiende tales redes,
trastornó el çimiento, cayeron las paredes:
lo que estonçe perdiestes cobrar non lo podedes.
69 Teníen lo a gran bien los pueblos labradores;
non sabían la traiçión los malos pecadores;
los que eran entendidos e bien entendedores,
dezían: ''¡Mal siglo ayan tales consejadores!''
70 Ovieron a fer todo lo que el rey mandava,
quien las armas tenía luego las desatava:
el diablo antiguo en esto s' trabajava,
por fer mal a cristianos nunca en al andava.

III

La invasión musulmana

Los moros desembarcan en Gibraltar

71 Quando fueron las armas desfechas e quemadas,
fueron aquestas nuevas a Marruecos pasadas;
las gentes africanas fueron luego ayuntadas,
al puerto de la mar fueron luego llegadas.
72 Todos muy bien guisados para España pasar,
quando fueron juntados pasaron allend mar,
arrivaron al puerto que dizen Gibraltar;
non podría ningún omne quantos eran asmar.
73 Todos estos paganos que Africa mandavan,
contra los de Europa[15] despechosos estavan,

. . . .

---

[15] El Ms tiene ''Oropa'', y en 744d ''Uropa''.

entraron en la tierra do entrar non cuidavan.
74   Llegaron a Sevilla la gente renegada,
esa çibdat nin otras non se les fizo nada,
era de mala guisa la rueda trastornada,
la cautiva de España era mal quebrantada.

Batalla de Sangonera

75   El buen rey don Rodrigo a quien avía contido,
mandó por todo el reyno andar el apellido:
el que con él non fuese ante del mes conplido,
el aver e el cuerpo tovies' lo por perdido.
76   Las gentes quando oyeron pregones aquexados,
que de averes e cuerpos eran mal menazados,
non eran y ningunos para fincar osados;
fueron ante del tienpo con el rey ayuntados.
77   Quando ovo rey Rodrigo sus poderes juntados,
era poder sin guisa mas todos desarmados;
lidiar fueron con moros, lavaron sus pecados,
ca fue de los profetas esto profetizado.
78   Tenía don Rodrigo sienpre la delantera,
salió contra los moros, tovo les la carrera,
ayuntó se en el campo que dizen Sangonera,
çerca de Guadiana en esa su ribera.
79   Fueron de amas las partes los golpes avivados,
eran para lidiar todos escalentados,
fueron de la primera los moros arrancados,
cojieron se con todo esa ora los cruzados.
80   Era la cosa puesta e de Dios otorgada[16]
que serían los de España metidos a espada,
a los dueños primeros sería ella tornada;
tornaron en el canpo ellos otra vegada.
81   Cuidavan los cristianos ser bien asegurados,

---

[16] En el Ms las estrofas 80-86 están puestas entre 93 y 94.

que avían a los moros en el canpo arrancados;
fueran se los paganos esas oras tornados,
si non por quien non ayan perdón de sus pecados.

82   Otro día mañana los pueblos descreídos
todos fueron 'nel canpo de sus armas guarnidos,
tañiendo añafiles e dando alaridos,
las tierras e los çielos semejavan movidos.

83   Volvieron esas oras un torneo parado,
començaron el fecho do lo avían dexado,
morieron los cristianos todos ¡ay, mal pecado!
del rey esas oras non sopieron mandado.

84   En Viseo[17] fallaron después la sepultura,
qual yazía 'nel sepulcro, lo dijo esta figura:
"Aquí yaz don Rodrigo, un rey de gran natura,
el que perdió la tierra por su desaventura."

85   Fueron commo oyestes de los moros rancados;
muchos eran los muertos, muchos los cativados,
fuíen los que fincaron maldiziendo sus fados;
fueron por todo el mundo luego estos mandados.

Sólo se salvan Castilla y Asturias

86   Pero con todo esto buen consejo prendieron,
tomaron las reliquias quantas levar podieron
alçaron se en Castilla, así se defendieron,
los de las otras tierras por espadas murieron.

87   Era Castilla Vieja un puerto bien çerrado,
non avía más entrada de un solo forado,
tovieron castellanos el puerto bien guardado,
porque de toda España ése ovo fincado.

88   Fincaron las Asturias un pequeño lugar,
los valles e montañas que son çerca la mar;
non podieron los moros por los puertos pasar,

---

[17] Viseo: ciudad de Portugal.

14

e ovieron por tanto las Asturias fincar.

Destrucción de España

89 España la gentil fue luego destruida;
eran señores della la gente descreída;
los cristianos mesquinos avían muy mala vida;
nunca fue en cristianos tan gran cuita venida.

90 Dentro en las iglesias fazían establías,
fazían en los altares muchas fieras follías,
robavan los tesoros de las sacristanías;
lloravan los cristianos las noches e los días.

91 Quiero vos dezir cosa que fizo retraer:
prendían a los cristianos, mandavan los cozer,
fazían semejante que los ivan comer,[18]
por tal que les podiesen mayor miedo meter.

92 Tenían otros presos: dexavan los foir,
porque veían las penas a los otros sofrir,
avían por do ivan las nuevas a dezir,

. . . .

93 Dezían e afirmavan que los vieran cozer,
cozían e asavan omnes para comer;
quantos que lo oían ivan se a perder,
non sabían con gran miedo adonde se asconder.

94 Así ivan foyendo de las gentes estrañas,

. . . .

muríen de grand fanbre todos por las montañas,
non diez, veinte nin treinta, mas muchas de conpañas.

95 Perdieron muchos dellos con miedo los sentidos,
matavan a las madres, en braços a sus fijos,
non s' podíen dar consejo mugeres nin maridos,
andavan con grand miedo muchos enloqueçidos.

96 E los omnes mesquinos que estavan alçados,

---

[18] Este verso, reconstruido por R. Menéndez Pidal, falta en el manuscrito.

15

del gran bien que ovieron estavan muy menguados;
querían más ser muertos o seer soterrados,
que non vesquir tal vida fanbrientos e lazrados.

97 Los omnes de otro tienpo que fueran segurados,
veíen se de nuevo en la tierra tornados,
comían el panezillo de sus fijos amados,
los pobres eran ricos e los ricos menguados.

98 Dezían los mal fadados: "En mal ora nasçimos:
diera nos Dios España, guardar non la sopimos,
si en gran coita somos nos bien lo meresçimos,
por nuestro mal sentido en gran yerro caímos.

99 "Si nos atales fuésemos commo nuestros parientes,
non avrían poder aquestas malas gentes,
ellos fueron los buenos e nos menos valientes,
traen nos commo lobos a corderos rezientes.

100 "Nos a Dios falesçiendo ha nos él fallesçido,
lo que otros ganaron emos lo nos perdido,
partiendo nos de Dios a se de nos partido,
todo el bien de los godos por eso es confondido."

101 Diera Dios esas oras gran poder al pecado,
fasta allende del puerto todo fuera estragado;
semeja fiera cosa, mas diz lo el ditado,
a San Martín de Torres[19] ovieron allegado.

102 Visquieron castellanos gran tienpo mala vida,
en tierra muy angosta de viandas muy fallida,
lazrados muy gran tienpo a la mayor medida,
veíen se en muy gran miedo con la gent' descreída.

103 En todas estas coitas, pero que mal andantes,
en la merçet de Cristus eran enfuziantes,[20]
que les avría merçed contra non bautizantes.
"Val nos, Señor," dixeron, "ond' seamos cobrantes."

104 Avían en todo esto a Almozor a dar

---

[19] San Martín de Torres: la basílica de Tours en Francia.
[20] enfuziantes: 'creyentes, confiantes'.

16

çien donzellas fermosas que fuesen por casar,
avían las por Castilla cada una a buscar,
avían lo de cunplir pero con gran pesar.

Oración de los fugitivos

105   Duró les esta coita muy fiera tenporada;
los cristianos mesquinos, conpaña muy lazrada,
dezían: "Señor, nos vala la tu merçed sagrada,
ca valiste a san Pedro dentro en la mar irada.

106   "Señor, que con los sabios valiste a Catalina,
e de muerte libreste a Ester la reyna,
e del dragón libreste a la virgen Marina;
tú da a nuestras llagas conorte e medeçina.

107   "Señor, tú que libreste a Davit del león,
mateste al Filisteo, un sobervio varón,
quiteste a los jodíos del rey de Babilón;
saca a nos e libra nos de tan cruel presión.

108   "Tú que librest' Susana de los falsos varones,
saqueste a Daniel de entre los leones,
libreste a san Matheo de los fieros dragones;
libra a nos, Señor, de estas tentaçiones.

109   "Libreste a los tres niños de los fuegos ardientes,
quando y los metieron los pueblos descreyentes,
cantaran en el forno cantos muy convenientes.
otra vez los libreste de bocas de serpientes.

110   "San Joan Evangelista ante muchos varones,
yazían ante él muertos de yerbas dos ladrones,
vevió él muy gran vaso de esos mismos ponçones:
mayor mal non l' fizieron que si comies' piñones.

111   "Tú que así podiste a las yerbas toller,
que non pudieron daño ninguno le fazer,
Señor, por tu mesura deves nos acorrer,
ca en ti nos yaze todo, levantar o caer.

112   "Señor, tú que quesiste del çielo desçender,
en seno de la Virgen carne vera prender,

17

cara ment' nos conpreste, al nuestro entender:
non nos quieras dexar agora ansí perder.

113 "Somos mucho errados e contra ti pecamos,
pero cristianos somos e la tu ley guardamos;
el tu nonbre tenemos, por tuyos nos llamamos,
tu merçed atendemos, otra non esperamos."

IV

Monarquía cristiana. Bernardo del Carpio

Elección del rey Pelayo

114 Duraron esta vida al Criador rogando,
de llorar de sus ojos nunca se escapando,
sienpre días e noches su cuita recontando;
oyó les Jesucristo a quien 'stavan llamando.

115 Dixo les por el ángel que a Pelayo buscasen,
que le alçasen por rey e que a él catasen,
en manparar la tierra todos le ayudasen,
ca él les daría ayuda porque la anparasen.

116 Buscaron a Pelayo commo les fue mandado,
fallaron lo en cueva fanbriento e lazrado,
besaron le las manos e dieron le el reygnado;
ovo lo resçebir pero non de su grado.

117 Resçibió el reynado, mas a muy gran amidos,
tovieron se con él los pueblos por guaridos;
sopieron estas nuevas los pueblos descreídos,
para venir sobre ellos todos fueron movidos.

118 Do sopieron que era, venieron lo a buscar;
començaron le luego la peña de lidiar;
allí quis' Jesucristo gran miraglo mostrar;
bien creo que lo oyestes alguna vez contar.

119 Saetas e quadrillos quantas al rey tiravan,
a él nin a sus gentes ningunas non llegavan;
tan iradas commo ivan tan iradas tornavan,

si non a ellos mismos a otros non matavan.
120 Quando vieron los moros atan fiera fazaña,
que sus armas matavan a su misma conpaña,
desçercaron la cueva, salieron de montaña:
tenían que les avía el Criador muy gran saña.
121 Este rey don Pelayo, siervo del Crïador,
guardó tan bien la tierra que non pudo mejor;
fueron ansí perdiendo cristianos el dolor,
pero que non perdiesen miedo de Almozor.

Sucesores de Pelayo

122 Finó el rey Pelayo, Jesucristo l' perdón;
reygnó su fijo Vavila[21] que fue muy mal varón;
quiso Dios que mandase poco la región,
ca visquió rey un año e más poca sazón.
123 Fija de rey Pelayo, dueña muy enseñada,
con señor de Cantabria ovieron la casada;
dixeron le Alfonso, una lança dudada,
ganó muy fiera tierra toda con su espada.
124 Este ganó a Viseo que es en Portogal,
después ganó a Bragana, reygno arçobispal,
Astorga e Çamora, Salamanca otro tal,
ganó después Amaya que es un alto poyal.
125 Murió est' rey Alfonso, señor aventurado,
--sea en paraíso tan buen rey heredado--
reygnó su fijo Fabía[22] que fue malo provado,
quiso Dios que visquiese poco en el reygnado.
126 Después reygnó Alfonso, un rey de gran valor,
"el Casto" que dixeron, siervo del Crïador;
visquieron en su tienpo en paz e en sabor,
éste fizo la iglesia que s' diz' San Salvador.

---

[21] Vavila: Favila. Rey de Asturias (737-39) o 750-52). Murió en lucha con un oso.
[22] Fabía: referencia al rey asturiano Fruela I (757-768), hijo de Alfonso I.

Bernardo del Carpio

127   Emos esta razón por fuerça de alongar,
quiero en el rey Carlos este cuento tornar:
ovo él al rey Alfonso mandado de enviar,
que veníe para España para gela ganar.

128   Envió el rey Alfonso al rey Carlos[23] mandado
ca en ser atributado non era acordado;
por dar parias por él non quería el reygnado,
sería llamado torpe en fer atal mercado.

129   Dixo que más quería commo estava estar,
que el reygno de España a Francia sujuzgar,
que non s' podrían deso françeses alabar,
¡que más la querían ellos en çinco años ganar!

130   Carlos ovo consejo sobre este mandado,
commo menester fuera non fue bien consejado;
dieron le por consejo el su pueblo famado
que veniesen a España con todo su fonsado.

131   Ayuntó sus poderes, grandes e sin mesura,
movió para Castilla, tengo que fue locura,
al que lo consejó nunca l' marre rencura,
ca fue esa venida plaga de su ventura.

Dos derrotas de Carlomagno

132   Sopo Bernald del Carpio que françeses pasavan,
que a Fuenterrabía todos y arribavan
por conquerir España segunt que ellos cuidavan,
que ge la conquerrían, mas non lo bien asmavan.

133   Ovo grandes poderes Bernaldo de ayuntar,
e desí envió los al puerto de la mar,
ovo l' todas sus gentes el rey Casto a dar,
non dexó a ese puerto al rey Carlos pasar.

---

[23] Carlos: Carlomagno (724-814), rey de los francos.

134   Mató y de françeses reyes e potestades,
commo diz la escritura, siete fueron, sepades,
muchos morieron y, esto bien lo creades,
que nunca más tornaron a las sus vezindades.

135   Tovo se por mal trecho Carlos esa vegada;
quando vio que por y le tollió la entrada,
movió s' con asaz gentes e toda su mesnada,
al puerto de Marsilla fizo luego tornada.

136   Quando fueron al puerto los françeses llegados,
rendieron a Dios graçias que los avía guiados,
folgaron e dormieron, que eran muy cansados,
si esa ora se tornaran fueran bien venturados.

137   Ovieron su acuerdo de pasar a España,
onde non les fincase nin torre nin cabaña,

. . . .

. . . .

138   Fueron y los poderes con toda su mesnada,
al puerto de Gitarea[24] fizieron la tornada.

. . . .

. . . .

139   Los poderes de Françia, todos muy bien guarnidos,
por los puertos de Aspa fueron luego torçidos;
fueran de buen acuerdo si non fueran venidos,
que nunca más tornaron a do fueron nasçidos.

140   Dexemos los françeses en España tornados,
por conquerir la tierra todos bien aguisados,
tornemos en Bernaldo de los fechos granados,
que avíe de españones los poderes juntados.

141   Movió Bernald' del Carpio con toda su mesnada,
si sobre moros fuese era buena provada,
movieron para un agua muy fuerte e muy irada,
Ebro l' dixeron sienpre, así es oy llamada.

---

[24] Gitarea: Sizara. El paso de Cize, comarca pirenaica de la Navarra francesa. Cf. Getarea 335d.

21

142 Fueron a Çaragoça a los pueblos paganos,
besó Bernald' del Carpio al rey Marsil las manos
que dies' la delantera a pueblos castellanos,
contra los doze pares, esos pueblos loçanos.

143 Otorgó gela luego e dio sela de buen grado,
nunca oyó Marsil[25] otro nin tal mandado;
movió Bernald del Carpio con su pueblo dudado,
de gentes castellanas era bien aguardado.

144 Tovo la delantera Bernaldo esa vez,
con gentes españones, gentes de muy grand prez;
vençieron esas oras a françeses refez,
bien fue ésa más negra que la primera vez.

V

Elogio de España

145 Por eso vos lo digo que bien lo entendades:
mejor es que otras tierras en la que vos morades,
de todo es bien conplida en la que vos estades;
dezir vos e agora quantas a de bondades.

146 Tierra es muy tenprada sin grandes callenturas,
non faze en ivierno destenpradas friuras,
non es tierra en el mundo que aya tales pasturas,
árboles para fruta siquier' de mil naturas.

147 Sobre todas las tierras mejor es la montaña,
de vacas e de ovejas non ay tierra tamaña,
tantos ha y de puercos que es fiera fazaña,
sirven se muchas tierras de las cosas de España.

148 Es de lino e lana tierra mucho abastada,
de çera sobre todas buena tierra provada,
non sería de azeite en mundo tal fallada,
Inglatierra e Francia, desto es abondada.

---

[25] Marsil: rey moro de Zaragoza, Abdelmelek ben Omar.

149   Buena tierra de caça e buena de venados,
de río e de mar muchos buenos pescados,
quien los quiere rezientes, quien los quiere salados,
son destas cosas tales pueblos muy abastados.

150   De panes a de vinos tierra muy comunal,
non fallarían en mundo otra mejor nin tal,
muchas de buenas fuentes, mucho río cabdal,
otras muchas mineras de que fazen la sal.

151   A y muchas veneras de fierro e de plata;
a y venas de oro, son de mejor barata,
a en sierras e valles mucha de buena mata,
todas llenas de grana para fer escarlata.

152   Por lo que ella más val aun non lo dixemos:
de los buenos caveros aun mençión non fiziemos,
mejor tierra es de las que quantas nunca viemos,
nunca tales caveros en el mundo non viemos.

El apóstol Santiago

153   Dexar vos quiero desto, asaz vos he contado;
non quiero más dezir que podría ser errado,
pero non olvidemos al apóstol honrado,
fijo del Zebedeo, Santiago llamado.

154   Fuerte ment quiso Dios a España honrar,
quando al santo apóstol quiso y enviar,
de Inglatierra e Françia quiso la mejorar,
sabet, non yaz' apóstol en todo aquel logar.

155   Onró le otra guisa el preçioso Señor,
fueron y muchos santos muertos por su amor,
de morir a cochillo non ovieron temor,
muchas vírgenes santas, mucho buen confesor.

156   Commo ella es mejor de las sus vezindades,
sodes mejores quantos en España morades,
omnes sodes sesudos, mesura heredades,
desto por todo el mundo muy gran preçio ganades.

23

Elogio de Castilla

157   Pero de toda España Castilla es mejor,
porque fue de los otros el comienço mayor,
guardando e temiendo sienpre a su señor,
quiso acreçentar la ansí nuestro Criador.

158   Aun Castilla Vieja, al mi entendimiento,
mejor es que lo al, porque fue el çimiento,
ca conquirieron mucho, maguer poco convento,
bien lo podedes ver en el acabamiento.

VI

Los Jueces de Castilla

159   Pues quiero me con tanto desta razón dexar,
temo m' si más dixese que podría errar;
otrosí non vos quiero la razón alongar,
quiero en don Alfonso, el Casto rey, tornar.

160   Rey fue de gran sentido e de muy gran valor,
siervo fue e amigo mucho del Criador;
fue se de aqueste mundo para el otro mayor;
fincó toda la tierra essa ora sin señor.

161   Eran en muy grand coita españones caídos,
duraron muy gran tienpo todos desavenidos;
commo omnes sin señor, tristes e doloridos,
dizíen: "Más nos valdría nunca seer nasçidos."

162   Quando vieron castellanos la cosa ansí ir,
e para alçar rey non s' podían avenir,
vieron que sin pastor non podían bien vevir,
posieron quien podiese los canes referir.

163   Todos los castellanos en uno se acordaron,
dos omnes de gran guisa por alcaldes alçaron,
los pueblos castellanos por ellos se guiaron;
que non posieron rey muy gran tienpo duraron.

164   Diré de los alcaldes quales nonbres ovieron,

e dende en adelante los que dellos venieron,
muchas buenas batallas con los moros ovieron,
con su fiero esfuerço gran tierra conquirieron.
165 Don Nuño, ovo nonbre, omne de gran valor,
vino de su linaje el buen batallador;
el otro don Laíno, el buen guerreador,
vino de su linaje el buen Çid Canpeador.

El padre y hermanos de Fernán González

166 Fi²⁶ de Nuño Rasura, omne bien entendido,
Gonçalo ovo por nonbre, omne muy atrevido,
anparó bien la tierra, fizo quanto a podido,
éste fue referiendo al pueblo descreído.
167 Ovo Gonçalo Núñez tres fijuelos varones,
todos tres de gran guisa, de grandes coraçones;
éstos partieron tierra, e dieron la a infançones,
por donde ellos partieron y están los mojones.
168 Don Diego Gonçález, el ermano mayor,
Rodrigo, el mediano, Fernando, el menor,
todos tres fueron buenos, mas Fernando el mejor,
ca quitó muy gran tierra al moro Almozor.
169 Finó Diego Gonçález, cavero muy loçano,
quedó toda la tierra en el otro ermano,
don Rodrigo por nonbre que era el mediano;
señor fue muy gran tienpo del pueblo castellano.
170 Quando vino la ora puesta del Criador,
fue se Ruy Gonçález para el mundo mejor;
fincó toda la tierra al ermano menor,
don Fernando por nonbre, cuerpo de gran valor.

---

²⁶ Fi: 'hijo'.

Exordio sobre el conde

171   Estonçe era Castilla un pequeño rincón,
era de castellanos Montes d' Oca mojón,
e de la otra parte Fitero[27] el fondón,
moros tenían Caraço en aquella sazón.

172   Era toda Castilla sólo una alcaldía,
maguer que era pobre e de poca valía,
nunca de buenos omnes fue Castilla vazía,
de quales ellos fueron paresçe oy en día.

173   Varones castellanos, éste fue su cuidado:
de llegar su señor al más alto estado;
de un alcaldía pobre fizieron la condado,
tornaron la después cabeça de reynado.

VII

Fernán González

174   Ovo nonbre Fernando, ese conde primero,
nunca fue en el mundo otro tal cavallero;
éste fue de los moros un mortal omiçero,
dizíen le por sus lides el vueitre carniçero.

175   Fizo grandes batallas con la gent' descreída,
e les fizo laçrar a la mayor medida,
ensanchó en Castilla una muy gran partida,
ovo en el su tienpo mucha sangre vertida.

176   El conde don Fernando con muy poca conpaña,
--en contar lo que fizo semejaría fazaña--,
mantovo sienpre guerra con los reyes de España,
non dava más por ellos que por una castaña.

---

[27] Fitero. La Peña de Hitero señaló el límite entre Aragón, Navarra y Castilla. Verso reconstruido por R. Menéndez Pidal.

Crianza de Fernando

177 Enante que entremos delante en la razón,
dezir vos he del conde qual fue su criazón;
furtó le un pobrezillo que labrava carbón,
tovo lo en la montaña una muy gran sazón.

178 Quanto podía el amo ganar de su mester,
todo al buen criado dava lo volunter;
de qual linax' venía fazía selo entender;
avía el moço quando lo oía muy gran plazer.

Oración del joven conde

179 Quando iva el moço las cosas entendiendo,
oyó commo a Castilla moros ivan corriendo.
"Valas me," dixo, "Cristus, yo a ti me encomiendo,
en coita es Castilla segunt que yo entiendo.

180 "Señor, ya tienpo era, si fuese tu mesura,
que mudases la rueda que anda a la ventura;
asaz an castellanos pasada de rencura,
gentes nunca pasaron atan mala ventura.

181 "Señor, ya tiempo era de salir de cavañas,
que non so yo oso bravo por vevir en montañas;
tienpo es ya que sepan de mí las mis conpañas,
e yo sepa del mundo e las cosas estrañas.

182 "Castellanos perdieron sonbra e grand abrigo,
la ora que perdieron a mi ermano Rodrigo;
avían en él los moros un mortal enemigo,
si yo de aquí non salgo nunca valdré un figo."

183 Salió de las montañas, vino para poblado,
con el su pobrezillo que lo avía criado;
aína fue sabido por todo el condado,
nunca ovo mayor gozo onbre de madre nado.

184 Venían a su señor los castellanos ver,
avían chicos e grandes todos con él plazer,
metieron el condado todo en su poder,

non podían en el mundo mejor señor aver.

185 Quando entendió que era de Castilla señor,
alçó a Dios las manos, e rogó al Criador:
"Señor, tú me ayuda, que so muy pecador,
que yo saque a Castilla del antigo dolor.

186 "Dame, Señor, esfuerço, seso e buen sentido,
que yo tome vengança del pueblo descreído,
e cobren castellanos algo de lo perdido,
e te tengas de mí en algo por servido.

187 "Señor, ha luengo tienpo que viven mala vida,
son mucho apremiados de la gent' descreída,
Señor, Rey de los Reyes, aya la tu ayuda,
que yo torne a Castilla a la buena medida.

188 "Si por alguna culpa cayer'mos en tu saña,
non sea sobre nos esta pena tamaña,
ca yazemos cativos de todos los de España,
los señores ser siervos tengo lo por fazaña.

189 "Tú lo sabes, Señor, que vida enduramos,
non nos quieres oir maguer que te llamamos,
non sabemos con quexa qué consejo prendamos,
Señor, grandes e chicos tu merçed esperamos.

190 "Señor, esta merçed te querría pedir,
seyendo tu vasallo, non me quieras fallir;
Señor, contigo cuedo atanto conquerir,
porque aya Castilla de premia a salir."

VIII

ALMANZOR VENCIDO EN LARA

Conquista de Carazo

191 Fizo su oración el moço bien conplida,
de coraçón la fizo, bien le fuera oída;
fizo grandes batallas con la gent' descreída,
mas nunca fue vençido en toda la su vida.

28

192   Non quiso maguer moço dar se ningún vagar,
començó a los moros muy fuerte guerrear;
movió se con sus gentes, Caraço fue çercar,
una sierra muy alta, muy firme castellar.

193   El conde castellano con todos sus varones,
conbatían las torres a guisa de infançones,
de dardos e de asconas peleavan los peones,
fazían a Dios serviçio de puros coraçones.

194   Non se podían los moros por cosa defender;
enante que Almozor los pudiese acorrer,
ovieron se los moros por fuerça a vençer;
ovieron los cristianos las torres en poder.

Ira de Almanzor

195   Llegó a Almozor luego el apellido,
sopo commo avía a Caraço perdido,
dixo: "Ya firme so del conde maltraído,
si non me vengo d' él, en mala fui nasçido."

196   Enbió por la tierra a gran priesa troteros,
unos en pos de otros, cartas e mensajeros,
que veniesen aína peones e caveros,
sus reyes que veniesen de todos delanteros.

197   Quando fueron con él juntados sus varones,
reyes e ricos omnes e muchos infançones,
si todos los contásemos caveros e peones,
seríen más por cuenta de cinco mill legiones.

198   Quando ovo Almozor su poder ayuntado,
movió para Castilla sañudo e irado;
avía muy fiera mente al conde amenazado;
que non fincaría tierra que non fuese buscado.

Consejo de los castellanos

199   Avía aquestas nuevas el conde ya oído,
commo era Almozor para venir movido;

El conde con los castellanos

de toda el Almería traía el apellido;
mayor poder non viera ningún omne nasçido.

200 Enbió por Castilla a priesa los mandados,
que fuesen en Muño todos con él juntados,
fizo saber las nuevas a sus adelantados,
commo de Almozor eran desafiados.

201 Fabló con sus vasallos en que acordarían,
quería oir a todos qué consejo l' darían,
si querían ir a ellos o si los atend'rían,
o qual sería la cosa que por mejor ternían.

Discurso de Gonzalo Díaz

202 Fabló Gonçalo Díaz, un sesudo varón,
rogó que le escuchasen e dería su razón:
"Oít me," dixo, "amigos, si Cristo vos perdón,
para aver la lid non tenemos sazón.

203 "Si alguna carrera podiese omne fallar,
de guisa que s' pudiese esta lid escusar,
non devríemos tregua nin pecho refusar,
por doquier que el omne los pudiese amansar.

204 "En muchas otras cosas se espiende el aver,
en el lidiar el omne non puede estorçer,
avrá cuerpo y ánima, todo y a poner,
que por oro nin plata non lo puede aver.

205 "Muchos son e sin guisa los pueblos renegados,
caveros e peones todos bien aguisados,
somos poca conpaña, de armas muy menguados;
seremos, si nos vençen, todos descabeçados.

206 "Si nos pleito podiésemos con Almozor traer,
que quedase la lid por dar o prometer,
es el mejor consejo que podríemos aver;
si otra cosa fazemos podemos nos perder.

207 "Todo el mi sentido ya oído lo avedes,
si yo fablé sin guisa vos me lo perdonedes;
dezit agora vos lo que por bien tovier'des,

31

por Dios que lo mejor al conde consejedes.''

Réplica del conde

208   Fue de Gonçalo Díaz el conde despagado,
ca non se tovo d' él por bien aconsejado;
maguer que fue sañudo nol' fabló desguisado,
mas contradixo l' todo quanto avía fablado.

209   ''Por Dios,'' dixo el conde, ''que m' querades oir,
quiero a don Gonçalo a todo recudir,
contra quanto ha dicho quiero le yo dezir,
ca tales cosas dixo que sol' non son de oir.

210   ''Dixo de lo primero de escusar el lidiar,
pero non puede omne la muerte escusar;
el omne pues que sabe que non puede escapar,
deve a la su carne onrada muerte l' dar.

211   ''Por la tregua aver, por algo que pechemos,
de señores que somos vasallos nos faríemos;
en logar que a Castilla de su premia saquemos,
la premia en que era doblar gela y emos.

212   ''Por engaño ganar non ha cosa peor,
quien cayere en est' fecho cadrá en grande error,
por defender engaño murió el Salvador;
más val' ser engañado que non engañador.

213   ''Nuestros anteçesores lealtat sienpre guardaron,
sobre las otras tierras ellos la heredaron;
por ésta aguardar las muertes olvidaron,
quanto saber ovieron por y lo acabaron.

214   ''Todavía s' guardaron de malfecho fazer,
non les pudo ninguno aquesto retraer,
eredar non quisieron para menos valer
lo que ellos non podiesen enpeñar nin vender.

215   ''Este debdo levaron nuestros anteçesores;
de todos los que viven mejor guardar señores,
de morir ante que ellos teníen se por debdores,

32

catando esto ovieron el prez de los mejores.[28]

216 ''Non deve otra cosa de vos ser olvidada:
porque el señor fiziese cosa desaguisada,
ellos nunca l' tovieron saña vieja alçada,
mas sienpre lealtat leal mientre pagada.

217 ''Así aguisó la cosa el mortal enemigo
quando perdió la tierra el buen rey don Rodrigo;
non quedó en España quien valiese un figo,
si non Castilla Vieja un logar muy antigo.

218 ''Fueron nuestros abuelos gran tienpo afrontados,[29]
ca los tenían los moros muy fuerte arrenconados,
eran en poca tierra pocos omnes juntados,
de fanbre e de guerra eran mucho lazrados.

219 ''Maguer mucho lazerio, mucha coita sofrieron,
de otros sienpre ganaron, lo suyo non perdieron,
por miedo de la muerte yerro nunca fezieron,
todos sus adversarios por aquí los vençieron,

220 ''¿Cómmo se nos oviera todo esto olvidar?
Lo que ellos ovieron a nos es de heredar;
veniendo a nos en miente non podremos errar,
puede nos todo aquesto de malfecho librar.

221 ''Dexemos los parientes, a lo nuestro tornemos;
para ir a la batalla aqueso aguisemos;
por miedo de la muerte la lid non la escusemos,
caer o levantar y lo departiremos.

222 ''Esforçad, castellanos, non ayades pavor,
vençer'emos los poderes d'ese rey Almozor,
sacaremos Castilla de premia e de error;
él será el vençido, yo seré el vençedor.

223 ''Maguer que muchos son, non valen tres arvejas,
. . . .
más pueden tres leones . . . .

---

[28] Este verso fue reconstruido por R. Menéndez Pidal.
[29] Ms: lazrados. Juan Victorio corrige a 'afrontados' según la *PCG*.

iríen treinta lobos a treinta mil ovejas.

224 ''Amigos, de una cosa so yo bien sabidor,
que venç'remos sin duda al moro Almozor,
de todos los de España faredes me el mejor;
será grand la mi onra e la vuestra mayor.''

IX

Los castellanos a Lara

225 Quando ovo el conde la razón acabada,
con estos tales dichos su gente conortada,
movió se de Muño con toda su mesnada,
fueron se para Lara tomar otra posada.

226 El cond' Ferrán Gonçález, cuerpo de buenas mañas,
cavalgó en su cavallo, partió s' de sus conpañas,
para ir buscar el puerco, metió s' por las montañas,
falló lo en un arroyo çerca de Vasquebañas.

227 Acojió sele el puerco a un fiero lugar,
do tenía su cueva e solía albergar;
non se osó el puerco en cueva asegurar,
fuxó a una ermita, metió s' tras el altar.

La ermita de San Pedro [de Arlanza]

228 Era esa ermita de una yedra techada,
porque de toda ella non paresçía nada;
tres monjes y vevían vida fuerte lazrada;
San Pedro avía nonbre esa casa sagrada.

229 Non pudo por la peña el conde aguijar;
sorrendó el cavallo, ovo se de apear;
por do se metió el puerco, metió s' por es' lugar,
entró por la ermita, llegó fasta el altar.

230 Quando vio don Fernando tan onrado logar,
desanparó el puerco, non lo quiso y matar;
''Señor,'' dixo, ''a quien temen los vientos e la mar,

si yo erré en esto deves me perdonar.

231   ''A ti me manifiesto, Virgen Santa María,
que de esta santidat, Señora, non sabía;
por y fazer enojo, yo aquí non entraría,
si non por dar ofrenda o por fer romería.

232   ''Señor, tú me perdona, e me vale e me ayuda
contra la gent pagana que tanto me seguía;
anpara a Castilla de la gent' descreída,
si tú non la anparas tengo la por perdida.''

233   Quando la oración el conde ovo acabada,
vino a él un monje de la pobre posada;
Pelayo avía nonbre, vivía vida lazrada,
salvó l' e preguntó l' quál era su andada.

234   Dixo que tras el puerco era aý venido,
era de su mesnada arredrado e partido;
si por pecados fuese de Almozor sabido,
non fincaría tierra donde escapase vivo.

235   Recudió el monje e dixo: ''Ruego t' por Dios, amigo,
si fuese tu mesura, que ospedases conmigo;
dar te he yo pan de ordio ca non tengo de trigo,
sabrás commo as de fer contra el tu enemigo.''

236   El cond' Ferrán Gonçález, de todo bien conplido,
del monje don Pelayo resçibió su convido;
del ermitaño santo tovo s' por bien servido;
mejor non albergara después que fuera vivo.

237   [Et fincó allí aquella noche, et recibió ell
ospedado daquel sancto fradre. Otro día.]

Profecía de fray Pelayo

238   Dixo don fray Pelayo escontra su señor:
''Fago te, el buen conde, de tanto sabidor,
que quier' la tu fazienda guiar el Criador,
venç'rás todo el poder del moro Almozor.

239   ''Farás grandes batallas en la gent' descreída,
muchas serán las gentes a quien toldrás la vida;

35

cobrarás de la tierra una buena partida;
la sangre de los reyes por ti será vertida.

240 ''Non quiero más dezir te de toda tu andança;
será por todo el mundo temida la tu lança;
quanto que te yo digo ten lo por segurança,
dos vezes serás preso, crei[30] me sin dudança.

241 ''Antes de terçer' día serás en gran cuidado,
ca verás el tu pueblo todo muy espantado;
verán un fuerte signo qual nunca vio omne nado;
el más loçano dellos será muy desmayado.

242 ''Tú confortar los has quanto mejor podieres;
dezir les as a todos que semejan mugeres;
departir has el signo quanto mejor sopieres;
perderán todo el miedo quand gelo departieres.

243 ''Espídete agora con lo que as oído,
aqueste lugar pobre non lo eches en olvido;
fallarás el tu pueblo triste e dolorido,
faziendo lloro y llanto, e metiendo apellido.

244 ''Por lloro nin por llanto non fazen ningún tuerto,
ca piensan que eres preso o que moros te han muerto,
que quedan sin señor e sin ningún confuerto,
coidavan con los moros por ti salir a puerto.

245 ''Mas ruego te, amigo, e pido t' lo de grado,
que quando ovieres tú el canpo arrancado,
venga se te en mientes dest' convento laçrado,
e non se te olvide el pobre ospedado.

246 ''Señor, tres monjes somos, asaz pobre convento,
la nuestra pobre vida non ha nin par nin cuento,
si Dios non nos envía algún consolamiento,
daremos a las sierpes nuestro avitamiento.''

---

[30] crei: imperativo de creer, 'cree'.

Promesa del conde

247   El conde dio l' respuesta commo omne enseñado.
         Dixo: "Don fray Pelayo, non ayades cuidado,
         quanto que demandastes ser vos ha otorgado,
         conosç'redes a donde diestes vuestro ospedado.
248   "Si Dios aquesta lid me dexa arrancar,
         quiero todo el mío quinto a este lugar dar;
         demás, quando muriere, aquí me soterrar,
         que mejore por mí sienpre este lugar.
249   "Faré otra iglesia de más fuerte çimiento;
         faré dentro en ella el mi soterramiento;
         daré y donde vivan de monjes más de çiento;
         sirvan todos a Dios, fagan su mandamiento."
250   Despidió se del monje alegre e muy pagado,
         vino se para Lara el conde aventurado;
         quando allá llegó e le vio el su fonsado,
         el lloro e el llanto en gozo fue tornado.
251   Contó a sus varones commo le avía contido,
         del monje que fallara que yazía ascondido,
         commo fuera su uésped, tomara su convido,
         mejor non albergara después que fue nasçido.

X

La batalla de Lara

Comienza la batalla

252   Otro día mañana mandó mover sus gentes;
         para cada cristiano avía mill descreyentes;
         los del conde eran pocos, mas buenos conbatientes,
         todos eran iguales, de un coraçón ardientes.
253   Bien se veían por ojo los moros e cristianos,
         non es omne en el mundo que asmas' los paganos,
         todos venían cobiertos, los oteros e llanos,

a cristianos cuidavan prender se los a manos.

254 Fazían grand alegría los pueblos descreídos,
venían tañendo tronpas e dando alaridos,
davan los mal fadados atamaños roídos,
que los montes e valles semejavan movidos.

255 El conde don Fernando estava muy quexado,
quería morir por ver se con moros en el campo;
bien cuidava ese día reygnar y el pecado,
que metió grande espanto en el pueblo cruzado.

Prodigio profetizado

256 Uno de los del conde, valiente cavallero,
cavalgava un cavallo, fermoso e ligero,
puso l' de las espuelas por çima de un otero,
partió s' con él la tierra e somió se el cavero.

257 Todos desta señal fueron muy espantados:[31]
"Esto que conteçió fue por nuestros pecados;
bien semeja que Dios nos a desanparados,
mejor seso fiziéramos si fuéramos tornados.

258 "Sin ferida nenguna Dios nos quiere matar,
contra Dios non podemos sin daño pelear;
bien lo vemos que quiere a moros ayudar,
¿e cómo nos podríamos contra ellos lidiar?"

259 "Amigos," dixo 'l conde, "¿com assí desmayades?
Ganar mal prez por sienpre en poco non querades;
de gallinas semeja que el coraçón ayades,
ca sin nulla ferida covardía mostrades.

260 "Lo que este signo muestra quiero vos departir,
com' a de ser sin dubda vos entiendo dezir:
la tierra dura e fuerte vos fazedes somir,

---

[31] El copista saltó una página (omitiendo unas siete estrofas) del original que copiaba. La reconstrucción de las estrofas a base de la *Primera Crónica General* está hecha tanto por Juan Victorio como por C. C. Marden y por R. Menéndez Pidal. Aquí se presenta la versión de R. Menéndez Pidal.

pues ¿quáles otras cosas a vos podrán sofrir?
261   "Ellos non valen nada por contra vos seer,
et vuestros coraçones veo enflaquesçer.
Por esto non devedes ningún miedo aver
ca yo aqueste día cobdiciava veer.
262   "Amigos, d' una cosa so yo bien sabidor:
ellos serán vençidos, yo seré vençedor;
en grand afruenta en canpo seré con Almoçor,
veré los castellanos com guardades señor."
263   Después que el conde ovo su raçón acabada,
desbolver el pendón mandó a su mesnada;
fue llamando "¡Castilla!" contra la yent malvada
otrossí castellanos yente muy esforçada.
264   [Et fue y muy bueno Gustio Gonçález con dos sos
fijos que teníe y consigo mancebiellos, et
fazíen muy grand danno en los moros.]
Quien con él se encontrava non iva de él sano.

Victoria

265   Otrosí un rico omne que dezían don Velasco
. . . .
[et Orvita Fernández, alférez del conde, et
otrossí todos los otros que y eran.]
266   Metían toda su fuerça en guardar su señor,
non avían de su muerte nin pesar nin dolor,
tollía les el gran depdo[32] de la muerte el pavor,
non havía para buenos deste mundo mejor.
267   Commo todos fizieron, refez[33] es de entender,
tanto non fizo omne con tan poco poder;
semeja poca cosa pesada de entender,
con trezientos caveros tan gran pueblo vençer.

---

[32] depdo: 'fidelidad'.
[33] refez: 'fácil'.

39

268   Caveros e peones firme miente lidiavan,
todos quanto podían a su señor guardavan;
quando dezía "Castilla" todos se esforçavan;
los moros en todo esto las espaldas tornavan.

269   Fue les de una lid el conde acuitando,
ivan s' contra la tienda de Almozor acostando,
. . . .
. . . .

270   Llegaron a Almozor estos malos roídos,
sabiendo commo eran sus poderes vençidos;
eran muchos los muertos e muchos los feridos,
avía de sus reyes los mejores perdidos.

271   Demandó su cavallo por lidiar con sus manos;
fueran y venturados caveros castellanos,
muerto fuera o preso de los pueblos cristianos,
mas non lo consejaron los sus pueblos paganos.

Fuga de Almanzor

272   Por non vos detener en otras ledanías,
fue Almozor vençido con sus cavallerías:
allí fue demostrado el poder del Mexías,
el conde fue David e Almozor Golías.

273   Foía Almozor a guis de algarivo,
diziendo: "¡Ay, Mafomat, en mala en ti fío!
todo el mi gran poder es muerto e cativo,
pues ellos muertos son, ¿por qué finco yo vivo?"

274   Fincaron en el canpo muertos muchos gentíos,
. . . .
. . . .
de los que sanos eran estonz fueron vazíos.

XI

Donaciones a San Pedro de Arlanza

Persecución y botín

275   Quando fueron vençidos esos pueblos paganos,
fueron los vençedores los pueblos castellanos;
el cond' Ferrán Gonçález con todos los cristianos
fueron en su alcançe por cuestas e por llanos.

276   Rendieron a Dios graçias e a Santa María,
porque les dexó ver tamaña maravilla,
duró les el alcançe quanto que medio día,
enriqueçió s' por sienpre la pobre alcaldía.

277   Quando fue Almozor gran tierra alexado
fincó de los cristianos el canpo bien poblado;
cojieron sus averes que Dios les avía dado:
tan grande aver fallaron que non sería contado.

278   Fallaron en las tiendas sobejano tesoro,
muchas copas e vasos que eran de un fino oro;
nunca vio atal riqueza nin cristiano nin moro,
seríen ende abondados Alexander e Poro.[34]

279   Fallaron y maletas e muchos de çurrones,
llenos de oro e plata que non de pepiones,
muchas tiendas de seda e muchos tendejones,
espadas e lorigas e muchas guarniçiones.

Dotación de San Pedro [de Arlanza]

280   Fallaron de marfil arquetas muy preçiadas,
con tantas de noblezas que non seríen contadas;
fueron para San Pedro las más de aquéllas dadas,

---

[34] Alexander e Poro: dos reyes famosos de la antigüedad, Alejandro Magno venció a Poro, rey de la India, en 327 a. de C.

están oy día en el su altar asentadas.

281 Tomaron desto todo lo que sabor ovieron,
mas fincó de dos partes que levar non podieron;
las armas que fallaron dexar non las quisieron,
con toda su ganançia a San Pedro venieron.

282 Quand' fueron y llegados a Dios graçias rendieron,
todos chicos e grandes su oraçión fizieron,
todos por una boca "Deo gratias" dixeron,
cada uno sus joyas al altar ofreçieron.

283 De toda su ganançia que Dios les avía dado,
mandó tomar el quinto el conde aventurado,
qualquier cosa que l' copo ovo lo bien conprado,
mandó lo dar al monje que l' diera el ospedado.

El conde en Burgos

284 El conde e sus gentes e todos los cruzados
a la çibdat de Burgos fueron todos llegados;
folgaron e dormieron que eran muy cansados,
demandaron maestros por sanar los llagados.

285 Dexemos estos y que eran muy mal golpados.
El cond' Ferrán Gonçález de los fechos granados,
avía ya oídos unos fuertes mandados,
que avían los navarros a sus pueblos robados.

XII

VICTORIA SOBRE NAVARRA Y TOLOSA

El rey navarro invade Castilla

Cabalgada del rey navarro

286 Mientra que estava el conde a Dios faziendo plazer,
lidiando con los moros e todo su poder,
el rey de los navarros ovo se a mover;

cuidó toda Castilla de robar e correr.

287 El conde castellano quando lo ovo oído,
por poco con pesar non salió de sentido;
commo un león bravo ansí dio un gemido:
"¡Aun selo demande con mis armas guarnido!"

288 [Envió el conde Fernand Gonçález sus cartas
por toda Castilla, que fuesen todos con
él, caballeros et peones, fasta x días.]

289 Quando los castellanos ovieron los mandados,
bien cuidavan que nunca dellos seríen vengados;
dizíen: "En fuerte ora fuemos mesquinos nados,
de todos los del mundo somos desafiados."

290 Avían los castellanos desto fiero pesar,
porque los confondía quien los devía salvar.
"Señor," dixo el conde, "quieras me ayudar,
que pueda tal sobervia aína arrancar."

Desafío del conde

291 Al rey de los navarros envió demandar
si s' queríe contra él en algo mejorar,
ca faríe su mesura e el su bienestar;
si fer non lo quisiese mandó l' desafiar.

292 Llegó al rey don Sancho aqueste mensajero.
"Omillo m'," dixo, "rey, luego de lo primero,
del conde de Castilla so yo su mandadero,
dezir te he lo que t' dize, fasta lo postrimero.

293 "Sepas que ha de ti el conde gran querella,
que te lo gradesç'ría si le sacases della,
ca traxiste a Castilla gran tienpo a la pella,[35]
dos vezes en el año veniste a corrella.

294 "Por fer mal a Castilla e destruir castellanos
feziste te amigo de los pueblos paganos,

---

[35] pella: 'burla'.

feziste guerra mala a los pueblos cristianos
porque non quieren ellos meter se en las tus manos.
295 ''A de ti sobre todo esto fiera rencura,
ca feziste otra cosa que fue más desmesura,
ca mientra él corría allá a Estremadura
feziste le tal daño que fue desapostura.
296 ''Si de aquesta querella le quisieres sacar,
de commo es derecho ansí lo mejorar,
farías tu mesura e el tu bienestar;
si esto non quisieres manda te desafiar.''

Negativa del rey navarro

297 Quando ovo el mensajero su razón acabada,
avía por lo que iva la cosa recabdada;
fabló don Sancho y dixo su razón e vegada:
''Non le mejoraré valía de una meaja.
298 ''Ermano, it al conde e dezit le el mandado:
de él me desafiar so muy maravillado,
tan bien commo deviera non fue aconsejado,
no s' puede bien fallar de aquéste tal mercado.
299 ''Mucho l' tengo por loco e de seso menguado,
sólo por me desafiar e de ser ende osado;
porque ha aquesta vez a los moros arrancado,
por esta loçanía ha esto començado.
300 ''Dezit le que aína le iré yo a buscar,
en torre nin en çerca non s' me podrá escapar,
que buscado non sea fasta dentro la mar;
sabré por qué me osó él a mí desafiar.''

Consejo de los castellanos

301 Tornó se el mensajero yaquanto espantado,
porque vio al rey fiera miente irado;
contó selo al conde, nada non l' fue çelado,
dixo l' commo le avía muy fuert amenazado.

44

302 Mandó llamar el conde a todos sus varones,
todos los ricos omnes, todos los infançones,
tan bien a escuderos commo a los peones,
queríe de cada uno saber sus coraçones.[36]

303 Quando fueron juntados començó de fablar,
qualquier se lo vería que avía grand pesar:
"Amigos, ha mester de consejo tomar,
de guisa que podamos tal fuerça rencurar.

304 "Nunca a los navarros mal non les meresçiemos.[37]
nin tuerto nin sobervia nos nunca les feziemos;
muchos fueron los tuertos que dellos resçibiemos,
por gelo demandar nunca sazón toviemos.

305 "Cuidé que se querían contra nos mejorar,
que los tuertos e daños querían emendar;
la quexa que avemos quieren nos la doblar,
a mí e a vos otros envían desafiar.

306 "Amigos, tal sobervia nos non gela suframos,
que nos venguemos della o todos y muramos,
ante que tanta cuita e tal pesar veamos,
¡por Dios, los mis vasallos, nos los acometamos!

307 "En nos los cometer es nuestra mejoría
por quanto ellos son mayor cavallería;
nos non mostremos y ninguna covardía,
en dudar nos por ellos sería grand villanía.

308 "Sepades que en la lid non son todos iguales,
por çient lanças se vençen las faziendas canpales,
más valen çient caveros todos de un cuer iguales,
que non fazen trezientos de los descomunales.

309 "A y buenos e malos que non puede al ser,
los malos que y son non podrían atender,
aver se han por aquéllos los buenos a vençer;
vemos nos muchas vezes tal cosa conteçer.

---

[36] coraçones: 'pensamientos'.
[37] meresçiemos: forma del pretérito, análoga a la de la estrofa 352, dixiestes.

45

310   "Muchos son más que nos peones e caveros,
omnes son esforçados e de pies muy ligeros,
de asconas e de dardos fazen golpes çerteros,
traen buena conpaña de buenos escuderos.

311   "Por esto ha menester que nos los cometamos,
si ellos nos cometen mejoría les damos;
si ellos entendieren que nosotros non dudamos,
dexar nos han el canpo ante que los firamos.

312   "Otra cosa vos digo e vos la entend'redes:
muerto seré de pelea o en quexa me veredes;
veré los castellanos commo me acorredes,
menester vos será quanta fuerça tenedes.

313   "Si por alguna guisa al rey puedo llegar,
los tuertos que me fizo cuedo le demandar,
no l' podría ningún omne de la muerte escapar,
non avría, si él muere, de mi muerte pesar."

XIII

Batalla de la Era Degollada

314   Quando ovo el buen conde su razón acabada,
mandó contra Navarra mover la su mesnada;
entró les en la tierra quanto una jornada,
falló al rey don Sancho a la Era Degollada.

315   Quando el rey vio al conde venir atan irado,
enderesçó sus fazes en un fermoso prado;
el conde castellano con su pueblo loçano,
non alongaron plazo fasta otro mercado.

316   Abaxaron las lanças e fueron a ferir,
el conde delantero commo oyestes dezir;
don Sancho de Navarra quando lo vio venir,
con sus fazes paradas salió lo a resçebir.

317   Feríe entre las fazes que fronteras estavan,
en la part que el conde iva todos carrera l' davan;
los unos e los otros firme mientre lidiavan,

navarros con la muerte lidiavan e lazravan.

318 Tan grande era la priesa que avían en lidiar,
oíe el omne a lexos las feridas sonar,
non oirían otra voz si non astas quebrar,
espadas reteñir e los yelmos cortar.

319 Nonbravan los navarros a "Panplona, Estella,"
los firmes castellanos nonbravan a "Castilla;"
nonbrava el rey don Sancho a las vezes "Castilla,"
commo algunos françeses a vezes echan pella.

Muerte del rey navarro

320 El buen conde y el rey buscando se andudieron,
fasta que uno a otro a ojo se ovieron,
las armas que traían çerteras las fizieron,
fueron se a ferir quant' de rezio pudieron.

321 Entramos uno al otro tales golpes se dieron,
que fierros de las lanças al otra part salieron;
nunca de cavalleros tales golpes se vieron,
todas sus guarniçiones nada non les valieron.

322 Cuitado fue el rey de la mala ferida,
entendió que del golpe ya perdiera la vida,
la su gran valentía luego fue abatida,
mano a mano del cuerpo el alma fue salida.

El conde herido

323 El conde fue del golpe fiera mente golpado,
ca tenía gran lançada por el diestro costado,
llamava, "¡castellanos!" mas ningún fue allegado,
de todos sus caveros era desanparado.

324 Tovieron castellanos que eran muy fallesçidos,
todos sus buenos fechos que eran por y perdidos;
con quexa castellanos andavan muy marridos,
porque en muy gran yerro eran todos caídos.

325 Tanto tenía cada uno en lo suyo qué ver,

que non podían ningunos al conde acorrer;
fizo les la vergüença todo el miedo perder,
e ovieron por fuerça las fazes a ronper.

326   Sofriendo grandes golpes al conde allegaron,
antes que a él llegasen a muchos derribaron;
muy maltrecho sin duda al buen conde fallaron,
de una parte e de otra muchas almas sacaron.

327   Llegaron castellanos; al conde acorrieron,
luego que y llegaron sobre todos firieron,
a navarros por fuerça a fuera los fizieron;
teníen que era muerto e gran miedo ovieron.

328   Alçaron le de tierra, la ferida le vieron,
todos que muerto era bien ansí lo tovieron,
por poco con pesar de seso non salieron,
commo si fuese muerto muy gran duelo fizieron.

329   Firieron en navarros; del conde los tiraron;
sobre un buen cavallo a su señor alçaron,
la sangre de la cara toda gela alinpiaron,
. . . .

330   Todos commo de nuevo a llorar començaron.
[Mas el conde, como era omne de grand
coraçón et muy esforçado, dizíeles que
non era mal ferido, et que penssassen de
lidiar et de vencer el campo, ca muerto avíe
éll al rey don Sancho.]

Victoria de los castellanos

331   Cuitaron los afirmes, davan lid presurada,
reteñían en los yelmos mucha fuert cuchillada,
davan e resçebían mucha buena lançada,
davan e resçebían mucha buena porrada.

332   Non vos queremos más la cosa alongar:
ovieron los navarros el canpo a dexar,
ovo el rey don Sancho muerto y a fincar,
mandó le luego el conde a Navarra levar.

333 Dexemos a don Sancho --perdone le el Criador--
los navarros maltrechos llorando a su señor,
avían de vengar se todos fuerte sabor,
salieron al buen conde todos por su amor.

XIV

El conde de Tolosa viene contra Castilla

334 El conde de Piteos[38] e conde de Tolosa,
--pariente era del rey, esto es çierta cosa--
tomó de sus condados conpaña muy fermosa,
movió para Castilla en ora muy astrosa.

335 El conde non uvio por a la lid llegar,
pero quando lo sopo no s' quiso detardar,
al buen rey de Navarra cuidó lo bien vengar,
al puerto de Getarea ovo de arribar.

336 Los navarros al conde todos se allegaron,
commo fue la fazienda todo gelo contaron;
quantos fueron los muertos, quantos los que fincaron,
commo a él enantes dos días le esperaron.

337 El conde de Tolosa dio les muy gran confuerto,
coidó con ese fecho con él salir a puerto,
"ca me han castellanos fecho este gran tuerto,
. . . . ,"[39]

Los castellanos quieren paz

338 El conde don Fernando avía lo ya oído
commo era aquel conde al puerto ya venido;
el conde don Fernando, maguer tan mal ferido,

---

[38] Piteos: Poitou. Región francesa.
[39] En el Ms falta el cuarto verso. Juan Victorio lo deduce de la *PFG*: cuido vengar al rey, que ellos lo han muerto.

atal commo estava para allá fue ido.

339 Los vasallos del conde teníen se por errados,
eran contra el conde fuerte mente irados,
eran de su señor todos muy despagados,
porque avían por fuerça sienpre de andar armados.

340 Folgar non les dexava nin estar segurados;
dizíen: "Non es tal vida si non para pecados,
que andan de noche e día e nunca son cansados,
él semeja a Satán e nos a los sus criados.

341 "Porque lidiar queremos e tanto lo amamos,
nunca folgura avemos s' non quando almas sacamos,
los de la ueste antigua a aquellos semejamos,
ca todas cosas cansan e nos nunca cansamos.

342 "Non a duelo de nos que sofrimos tal vida,
nin lo ha de sí mismo que tiene tal ferida;
si, --¡mal pecado!-- muere, Castilla es perdida;
nunca tomaron omnes atan mala caída."

343 Ovieron su acuerdo que gelo departiesen,
que lo que bien non era luego gelo dixesen,
que por grand loçanía en yerro non cayesen,
que por mala codiçia su señor non perdiesen.

Discurso de Nuño Laínez

344 Dixo Nuño Laíno: "Señor, si tú quisieres,
si a ti semejase o tú por bien tovieres
estoviésedes quedo fasta que guaresçieres,
que por mala codiçia en yerro non cayeres.

345 "Non sé omne en el mundo que podiese endurar
la vida que avemos nos e vos a pasar;
la vuestra grand codiçia non vos dexa folgar,
avemos la mesura por aquí de olvidar.

346 "Non recuden las cosas todas a un logar,
deve aver el omne gran seso en lidiar,
si non podrá aína un gran yerro tomar,
podría todo el grand prez por y lo astragar.

50

347 "Los vientos que son fuertes vemos los cansar,
la mar que es irada vemos la amansar;
el diablo non cansa, nin se puede folgar,
quiere la nuestra vida la suya semejar.

348 "Dexa folgar tus gentes, e a ti mesmo sanar,
tienes muy fuerte llaga, dexa la tu folgar,
dexa venir tus gentes que aún son por llegar,
muchos son por venir, deves los esperar.

349 "Tú serás a diez días del golpe bien guarido,
será ya el tu pueblo a ese plazo venido,
poner te as en el canpo con tu pueblo guarnido,
será muerto o preso, desto so bien creído.

350 "Señor, dicho te he lo que t' dezir quería,
mejor consejo d' éste, señor, yo non sabría,
non temas que lo digo por nulla covardía,
querría te aguardar commo al alma mía."

Réplica del conde

351 Quando ovo don Nuño acabada su razón,
començó el buen conde, ese firme varón;
avía grand conplimiento del seso de Salamón,
nunca fue Alexandre más grand' de coraçón.

352 Dixo: "Nuño Laínez, buena razón dixiestes,
las cosas commo son así las departiestes,
de alongar esta lid, creo que ansí dixiestes
quienquier que vos lo dixo vos mal lo aprendiestes.

353 "Non deve el que puede esta lid alongar,
quien tiene buena ora otra quiere esperar,
un día que perdemos non l' podremos cobrar,
jamás en aquel día non podemos tornar.

354 "Si el omne el su tienpo en valde quier' pasar,
non quiere deste mundo otra cosa levar,
si non estar viçioso e dormir e folgar,
deste tal muer' su fecho quando viene a finar.

355 "El viçioso e el lazrado amos an de morir,

el uno nin el otro non lo puede foir,
quedan los buenos fechos, éstos han de vesquir,
d' ellos toman enxienplo los que han de venir.

356 "Todos los que gran fecho quisieron acabar,
por muy grandes trabajos ovieron a pasar,
non comen quando quieren nin çena nin yantar,
los viçios de la carne han los de olvidar.

357 "Non cuentan de Alexandre las noches nin los días,
cuentan sus buenos fechos a sus cavallerías;
cuentan del rey Davit que mató a Golías,
de Judas Macabeo fijo de Matatías.

358 "Carlos e Valdovinos, Roldán e don Ojero,
Terrín e Gualdabuey, Vernalde e Olivero,
Torpín e don Rinaldos e el gascón Angelero,
Estol e Salomón, otro su conpañero.[40]

359 "Estos e otros muchos que non vos he nonbrados,
por lo que ellos fizieron serán sienpre ementados;
si tan buenos non fueran oy seríen olvidados,
serán los buenos fechos fasta la fin contados.

360 "Por tanto ha mester que los días contemos,
los días e las noches en que los espendemos,
quantos en valde pasan nunca los cobraremos,
amigos, bien lo vedes que mal seso fazemos."

361 Caveros e peones ovo los de vençer,
a cosa qu' él dezía non sabían responder,
quanto él por bien tovo ovieron lo a fazer,
su razón acabada mandó luego mover.

Batalla en el vado del Ebro

362 El conde don Fernando con toda su mesnada,
llegaron a un agua muy fuerte e muy irada,

---

40 En la estrofa se ven variantes de los nombres de los héroes principales de la epopeya francesa, *Chanson de Roland*.

52

Ebro l' dixeron sienpre, ansí es oy llamada,
vieron se en grand rebate que fuese y su posada.

363 Tovieron la ribera tolosanos guardada,
non dieron castellanos por eso todo nada,
dando e resçebiendo mucha buena lançada,
ovieron mucho aína el agua travesada.

364 Ovieron grand rebato en pasar aquel vado,
ovo de petavinos[41] grand pueblo derribado,
maguer que non querían bevían mal de su grado,
dellos se afogavan, dellos salían a nado.

365 Abrió por medio del agua el conde la carrera,
ovieron tolosanos a dexar la ribera;
ordenó las sus azes en medio de una glera,
fue los acometer de una estraña manera.

366 Quando ovo el conde el río atravesado,
ferió luego en ellos commo venía irado;
al que él alcançaba mucho era de malfado,
d' él iva a sus parientes aína mal mandado.

367 El conde don Fernando, est' sabidor tamaño,
firíe en pitavinos e fazíe les grand daño,
ronpía las guarniçiones commo si fuesen paño,
non les valía esfuerço nin les valía engaño.

368 Acorrían le luego los sus buenos varones,
ca tenía y muchos de buenos infançones;
de un logar eran todos e de unos coraçones,
lazravan tolosanos e lazravan gascones.

369 Pero commo eran muchos, ivan los acoitando,
ya iva la lid fiera guisa escalentando,
iva se de onbres muertos la glera poblando,
maltraíe los afirmes[42] el conde don Fernando.

370 Andava por las açes muy fiera miente irado,
porque non los vençía andava muy cuitado;

---

[41] petavinos: habitantes de Poitou, Francia.
[42] afirmes: 'firmemente'.

53

dixo: "Non puede ser aunque pese al pecado,
no s' pueden tolosanos fallar bien dest' mercado."

371 Metió se por las açes muy fuerte espoleando,
la lança sobre mano, su pendón aleando.
"¿Dónde estás, el buen conde?" ansí iva vozes dando.
"¡Sal lidiar acá al canpo! ¡cata aquí a don Fernando!"

372 Antes que ellos amos veniesen a feridas,[43]
las gentes tolosanas todas fueron foídas;
nunca ningunas gentes fueron tan mal fallidas,
ca fueron en gran miedo e en mal preçio metidas.

373 Fueron todos foídos por una gran montaña,
fincaron con el conde muy poca de conpaña,
nunca fue el conde tolosano en quexa atamaña,
ca el conde de Castilla le tenía fuerte saña.

XV

Muerte del conde de Tolosa

374 El conde de Tolosa mucho fue espantado,
ca vio a don Fernando venir mucho irado;
por non tener la gente, que era desmanparado,
con sus armas guarnido salió luego apartado,

375 El conde don Fernando, omne sin crueldat,
olvidó con la ira mesura e bondat:
fue ferir al buen conde de ira e voluntat,
non dudó de ferir lo sin ninguna piedat.

376 El conde castellano, guerrero natural,
ferió al tolosano de una ferida mortal,
cuitado fue el gascón de la ferida muy mal,
dixo a altas vozes: "¡Santa María, val!"

377 El conde de Tolosa ansí fue mal ferido,

---

[43] El Ms tiene un verso adicional: con las vozes de don Fernando las gentes eran desmaydas.

54

fue luego del cavallo a tierra abatido,
dezir non pudo nada ca fue luego transido;
luego quando él fue muerto su pueblo fue vençido.

378   Caveros tolosanos muy apriesa fuyeron,
pero los castellanos trezientos y prendieron;
muchos fueron los otros que estonçes y morieron;
estonçes castellanos en grand preçio sobieron.

Honras fúnebres

379   Ahé el conde argulloso, de coraçon loçano,
oiredes lo que fizo al conde tolosano:
desguarneçió le el cuerpo él mismo con su mano,
no l' fizo menos honra que si fuera su ermano.

380   Quando le ovo el conde de todo despojado,
lavó l' e vestió l' de un jamete preçiado,
echó l' en un escaño sotil mientre labrado:
ovo l' en la batalla de Almozore ganado.

381   El conde castellano con todo su consejo,
fizieron le ataút bien obrado sobejo,
guarnido rica mente de un paño bermejo,
de clavos bien dorados que luzíen commo espejo.

382   Mandó a sus vasallos de la presión sacar,
mandó les que veniesen su señor aguardar,
a grandes e a chicos a todos fizo jurar
que d' él non se partiesen fasta en su lugar.

383   Mortajaron el cuerpo commo costunbre era,
de unos paños preçiados, ricos de gran manera,
dio les qué despendiesen por toda la carrera,
mandó les dar mill pesos fechos çirios de çera.

384   Quando ovo el conde el cuerpo mortajado,
el ataút fue preso, de clavos bien çerrado;
sobre una azémila aína fue aparejado,
mandó que lo levasen luego a su condado.

385   Tolosanos mesquinos, llorando su malfado,
sus caras afiladas, pueblo mal desonrado,

55

llegaron a Tolosa, cabeça del condado,
fue commo de primero el llanto renovado.

XVI

ALMANZOR VENCIDO EN HACINAS

Almanzor vuelve con mayor ejército

386   Dexemos tolosanos tristes e dessonrados,
ya eran en Tolossa con su señor llegados;
tornemos en el conde de los fechos granados,
commo avía oído otros malos mandados:

387   Que venía Almozore con muy fuertes fonsados,
con çiento e treinta mill caveros lorigados,
non serían los peones nulla guisa contados,
estavan çerca Lara en Muño ayuntados.

388   Quando fue Almoçore la otra vez vençido,
con gran pesar que ovo a Marruecos fue ido,
mandó por toda Africa andar el apellido,
e fue commo a perdón todo el pueblo movido.

389   Los turcos e alárabes, essas gentes ligeras,
que son para en batallas unas gentes çerteras,
traen arcos de nervios e ballestas çerberas,
d' éstos veníen llenos senderos e carreras.

390   Veníen los almohades e los avenmarinos:[44]
traíen en sus camellos sus fornos e molinos;
veníen los moros todos de oriente vezinos:
de todos éstos eran cobiertos los caminos.

391   Veníen y destas gentes sin cuenta e sin cuento,
non eran de un logar nin de un entendimiento,
más feos que Satán con todo su convento,
quando sale del infierno suzio e carvoniento.

---

[44] avenmarinos: los benimerines, pueblo bereber del norte de Africa.

392   Quando fueron juntados e pasaron la mar,
arribaron al puerto que dizen Gibraltar;
coidó se Almoçore del buen conde vengar:
por amor de acabar lo non s' podía dar vagar.

393   Córdova e Jaén con toda Andaluzía,
Lorca e Cartajena con toda Almaría,
de muchas otras tierras que nonbrar non sabría,
ayuntó Almoçore muy gran cavallería.

Acampan los moros en Hacinas

394   Quando fueron juntados, començaron a venir;
coidaron a España sin falla conquerir,
e qu' el cond' castellano no s' les podría foir,
que él le faría en presión muerte mala morir.

395   Eran en Fazinas ya la gente maldita;
todos los castellanos eran en Piedrafita;[45]
el conde --que la su alma de pena sea quita--
fue se para San Pedro a essa su ermita.

XVII

El conde en la ermita de Arlanza

396   Quando fue a la ermita el conde allegado,
demandó por su monje, don Pelayo llamado;
dixeron le por nuevas que era ya finado,
ocho días avía ya que era soterrado.

397   Entró en la ermita con muy gran devoçión,
fincó los sus finojos, e fizo su oraçión,
de los ojos llorando fizo su petiçión:
"Señor, tú me guarda de yerro e de ocasión.

398   "Señor por gran amor de fazer a ti serviçio,

---

[45] Piedrafita: Piedrahita de Muño.

paso mucho lazerio e dexo mucho viçio,
con est' cuerpo lazrado fago te serviçio,
con moros e cristianos meto me en gran bolliçio.

399 "Los reyes de España con derecho pavor,
olvidaron a ti, que eres su Señor,
tornaron se vasallos del rey Almoçor,
. . . .

400 "Yo quando vi que ellos fueron en tal error,
e por miedo de muerte fizieron lo peor,
nunca de su conpaña después uve sabor;
por fazer te serviçio non quise más su amor.

401 "Finqué yo entre todos solo, desamparado,
non ove miedo a muerte nin quise aquel pecado;
quando ellos veyeron que era dellos apartado,
luego fui dellos todos muy fuerte amenazado.

402 "Llegaron me las cartas a Muño ese día,
venieron me mesajeros çinco en aquel día,
commo me amenazavan reyes de Andaluzía,
porque de los de España yo solo me erzía.

403 "Ovieron sus poderes sobre mí de ayuntar,
unos veníen por tierra, otros veníen por mar;
querríen, si podiesen, deste siglo m' sacar,
quesist' me tú, Señor, valer e ayudar.

404 "Vençí los e maté los, Señor, con tu poder;
nunca fui yo contra ti, segunt mi entender,
tengo me por pagado si t' fize algún plazer,
bien tengo que non as por qué me fallesçer.

405 "Por las tus escrituras que dexó Isaías,
que a los tus vasallos nunca los falesç'rías,
Señor, tu siervo so con mis cavallerías,
non me partiré de ti en todos los mis días.

406 "Mas he yo menester, Señor, de la tu ayuda;
Señor, sea por ti Castilla defendida;
toda tierra de Africa sobre mí es venida,
anparar non la puedo, Señor, sin tu ayuda.

407 "Por fuerza nin por seso que yo podiese aver,

58

non la podría por ninguna guisa defender;
Señor, da me esfuerço e seso e poder,
que pueda al rey Almoçor o matar o vençer.''

Aparécesele san Pelayo

408 Teniendo su vegilia, con Dios se razonando,
un sueño muy sabroso el conde fue tomando,
con sus armas guarnido así se fue acostando,
la carne adormida, así yaze soñando.

409 Non podríe el buen conde aun ser bien adormido,
el monje san Pelayo de suso l' fue venido,
de paños commo el sol todo venía vestido,
nunca más bella cosa veyera omne nasçido.

410 Llamó le por su nonbre al conde don Fernando,
dixo l': ''¿Duermes o cómmo estás así callando?
Despierta, e vé tu vía, ca te creçe oy gran bando;
vé te para el tu pueblo que te está esperando.

411 ''El Criador te otorga quanto pedido le as:
en los pueblos paganos gran mortandat farás,
de tus buenas conpañas muchas y perderás,
pero con todo el daño el canpo tú l' venç'rás.

412 ''Aun te dize más el alto Criador;
que tú eres su vasallo e él es tu Señor,
con los pueblos paganos lidiarás por su amor,
manda te que te vayas lidiar con Almoçor.

413 ''Yo seré y contigo que m' lo ha otorgado,
y será el apóstol Santiago llamado,
enviar nos ha Jesucristo valer a su criado,
será con tal ayuda Almoçore enbargado.

414 ''Otros vernán y muchos commo en visïón
en blancas armaduras: ángeles de Dios son;
traerá cada uno la cruz en su pendón;
moros quando nos vieren perd'rán el coraçón.

415 ''Amigo, dicho te he lo que a mí mandaron,
vo me para aquellos que me acá enviaron.''

Dos ángeles fermosos de tierra lo alçaron,
faziendo grande alegría al çielo lo levaron.

416   Despertó don Fernando con derecho pavor:
"¡Qué puede ser aquesto! ¡Vala me el Criador!
Pecado es que me quiere echar en algún error.
Jesucristo, yo tuyo so, guarda m' tú, Señor."

Aparécesele san Millán

417   Estando en el sueño que soñara pensando,
oyó una gran voz que le estava llamando:
"Lieva dend', vé tu vía, el conde don Fernando;
espera te Almoçor' con el su fuerte bando.

418   "Non tardes, vé tu vía, si non tuerto me fazes,
porque tanto me tardas, en gran culpa me yazes,
no l' des ninguna tregua nin fagas con él pazes;
a todo el tu pueblo fazer lo has tres fazes.

419   "Tú entra con los menos de partes d'oriente,
entrante de la lid ver me as vesible miente;
manda entrar otra faz de partes d'oçidente,
y será Santiago, esto sin fallimiente.

420   "Entre la otra terçera de partes d'aquilón:
venç'remos, non lo dubdes, a este bravo león;
farás, si esto fazes, a guisa de Sansón
quando con las sus manos lidió con el bestión.

421   "Non quiero más dezir te, lieva dend', vé tu vía.
¿Quieres saber quién trae esta mensajería?
Millán so yo por nonbre, Jesucristo me envía,
durará la batalla fasta terçero día."

422   Quando ovo don Fernando todo esto oído,
el varón don Millán a los çielos fue ido;
fue luego el buen conde de la ermita espedido,
tornó se a Piedrafita donde[46] él fuera salido.

---

[46] donde: 'de donde'.

60

Enojo de los castellanos

423   Quando llegó el conde a su buena conpaña,
fablaron sus vassallos todos con fuerte saña,
maltraían le tanto que era grand fazaña,
. . . .

424   Commo eran malincónicos todos con gran despecho,
de chicos e de grandes, de todos fue maltrecho.
"Fazes," dixeron, "conde, sin guisa gran malfecho,
si algún yerro tomamos, será muy gran derecho.

425   "Así comm' ladrón d' éstos que andan a furtar,
así solo señero te amas apartar,
quando nos te buscamos no t' podemos fallar,
abremos solo por esto algún yerro tomar.

426   "Porque tanto t' sofrimos por end' somos peores,
pedimos te merçed que non nos fagas traidores,
ca non lo fueron nunca nuestros anteçesores,
non ovo en el mundo más leales nin mejores."

El conde les promete auxilio celeste

427   Quando a toda su guisa lo ovieron maltraído,
díxo les don Fernando: "¡Por Dios sea oído!
De quanto que yo fize non so arrepentido,
no m' devedes tener ansina por tan fallido.

428   "Fui yo a la ermita por amigo mío ver,
porque yo e él en uno amos aver plazer;
quand' fui allá llegado, demandé d' él saber;
dieron m' por nuevas que era en ageno poder.

429   "Sope yo commo era mi amigo finado,
mostraron me el logar do estava soterrado,
rogué a Jesucristo, si él fizo algún pecado,
por la su gran mesura que l' sea perdonado.

430   "Entrante de la puerta allí fiz' mi oración,
tal qual me dio Dios seso y m' metió en coraçón;

vino a mí el monje commo en visión:
"Despierta," dixo, "amigo, que hora es e sazón."

431 "Dixo me lo en sueños e non lo quise creer,
desperté e non pude ninguna cosa ver,
oí una gran voz del çielo desçender,
voz era de los santos según mi entender.

432 "Esta es la razón que la voz me dezía:
'Conde Fernán Gonçález, lieva dend', vé tu vía,
tod el poder de Africa e del Andaluzía,
vençer lo has 'nel canpo deste terçero día.'

433 "Dixo m' que mal fazía por tanto que tardava
a aquel Rey de los reyes por cuya amor lidiava,
que fuese e non tardase contra la gent' pagana,
que ¿por qué avía miedo pues que él me ayudava?

434 "Otras cosas me dixo que me quiero callar,
sería gran alongança de todo lo contar,
mas aver lo hedes todo aína de provar,
fasta que lo provedes aver me he de callar.

435 "En aquella hermita fui bien aconsejado
del monje san Pelayo, siervo de Dios amado,
que por el su consejo Almozor fue arrancado,
fui lo a buscar agora e fallé l' soterrado.

436 "Fasta que lo sepades comm' lo fui yo a saber,
por end' non me devedes por fallido tener,
aguardar vos querría a todo mi poder,
e por mengua de mí en yerro non caer.

Arenga del conde

437 "De Dios e de los omnes mester nos a consejo:
si non los afincamos fer nos han mal trebejo;
traíe rey Almoçor muy gran pueblo sobejo,
nunca en la su vida ayuntó tal conçejo.

438 "Mill ha y para uno, esto bien lo sabemos,
dicho es que ha menester que consejo tomemos;
maguer fuir queramos fazer non lo podemos,

así commo los peçes enredados yazemos.

439   "Aragón e Navarra, e todos pitavinos,
si en quexa nos vieren non nos serán padrinos,
non nos darán salida por ningunos caminos;
mal nos quieren de muerte todos nuestros vezinos.

440   "Si nos, por mal pecado, fuéremos arrancados,
los nuestros enemigos serán de nos vengados,
seremos nos cativos, fanbrientos e lazrados,
serán los nuestros fijos de moros cativados.

441   "Los fijos e las fijas que nos tanto queremos,
ver los hemos cativos, valer non los podremos,
donde nos mandaren ir, por fuerça allá iremos,
nuestros fijos e fijas jamás non los veremos.

442   "Es desanparado de todo bien el cautivo,
mas dize muchas vezes que non querría ser vivo,
dize: "Señor del mundo, ¿por qué me eres esquivo,
que me fazes vevir lazrado e perdido?"

443   Ligera cosa es la muerte de pasar,
muerte de cada día mala es de endurar,
sofrir tanto lazerio e ver tanto pesar,
ver los sus enemigos lo suyo heredar.

444   "Contesçe eso mismo con la gent' renegada,
heredan nuestra tierra e tienen la forçada;
mas dereçar s' ha la rueda que está trestornada,
serán ellos vençidos, la fe de Cristo onrada.

445   "Non es dicha fortuna ser sienpre en un estado,
de uno ser sienpre rico e otro ser menguado;
camia estas dos cosas la fortuna priado,
al pobre faze rico e al rico menguado.

446   "Quiere fazer las cosas ansí el Crïador,
de dar e de quitar él es el Fazedor,
por entender qu' él es sobre todos mejor,
el que suele ser vençido será el vençedor.

447   "A tal Señor commo éste devemos nos rogar,
que por la su gran mesura nos quiera ayudar,
que en él nos está todo, caer o levantar,

ca sin él non podemos nulla cosa acabar.

448 ''Amigos, lo que digo bien entender devedes,
¿si fuéremos vençidos qué consej' tomaredes?
Morredes commo malos, la tierra perderedes:
si esta vez caedes non vos levantaredes.

449 ''De mí mismo vos digo lo que cuedo fazer:
nin preso nin cabtivo non me dexare ser,
maguer ellos a vida me quisieran prender,
matar me he yo antes que sea en su poder.

450 ''Todo aquel que de vos a presión se les diere,
o con miedo de la muerte del canpo saliere,
quede por alevoso el que tal fecho fiziere,
con Judas en infierno yaga quando moriere.''

451 Quando esto oyó el su pueblo loçano,
todos por una boca fablaron muy priado:
''Señor, lo que tú dizes de nos sea otorgado,
el que fuyere yaga con Judas abraçado.''

452 Quando ovo el conde dichas estas razones,
--antes teníen todos duros los coraçones--
fueron muy confortados caveros e peones;
mandó commo fiziesen esos grandes varones.

XVIII

Las haces cristianas

453 Mandó que fuesen prestos otro día mañana,
fuesen puestas las azes en medio de la plana,
todos fuesen armados a primera canpana,
darían lid canpal a aquella gente pagana.

454 A Gustio Gonçález el que de Salas era,
a él e a sus fijos dio les la delantera,
ca por miedo de muerte non dexarían carrera,
con ellos don Velasco, tanbién de Salas era.

455 Entró Gonçalo Díaz en esta misma haz,
era en los consejos muy bueno de toda paz,

era por en faziendas crudo commo agraz,
quienquier que l' demandas' fallar lo íe de faz.

456 Dos sobrinos del conde, valientes e ligeros,
fiziera los el conde estonçes cavalleros,
devieran ser contados éstos en los primeros,
fueron éstos llamados 'los lobos carniçeros'.

457 Los que Gustio Gonçález avía de acabdillar,
dozientos fueron estos caveros de prestar,
éstos mandó el conde por una parte entrar,
de quales ellos fueron no s' podrían mejorar.

458 Dio les seis mill peones para la delantera,
omnes de la Montaña, gente fuerte e ligera:
si bien guisados fuesen commo mester les era,
por tres tantos de moros non dexaríen carrera.

459 Dexemos esta faz toda muy bien parada,
non podríe el cabdillo mejorar se por nada,
seríe por nulla fuerça a duro[47] quebrantada;
ya era en todo esto la otra haz guisada.

Segunda haz, Lope el Vizcaíno

460 Fue dado por cabdiello don Lope el vizcaíno,
bien rico de mançanas, pobre de pan e vino;
'n esa faz fue contado fijo de don Laíno,
e otro de la Montaña que dizíen don Martino.

461 Avíe de burgoneses, e otrosí treviñanos,[48]
caveros bien ligeros, de coraçón loçanos,
de Castilla la Vieja ovo y buenos castellanos,
que muchos buenos fechos fizieron por sus manos.

462 Veníen y de Castro unas buenas conpañas,
veníen y con ellos otros de las montañas,

---

[47] a duro: 'difícilmente'.
[48] burgoneses, ... treviñanos: naturales de la región burgalesa, ... del condado de Treviño.

fueron y estorianos, gentes muy bien guisadas,
muy buenos eran de armas, bien conplidos de mañas.

463   Venían estos caveros en la haz medïana,
éstos eran dozientos de la flor castellana;
todos fueron en canpo otro día mañana,
ésa fue para moros una negra semana.

464   Dio les seis mill peones con qué los conbatiesen,
peones con caveros en uno los partiesen
que quando los peones carrera les abriesen,
entrarían los caveros mejor por do podiesen.

Tercera haz, el conde

465   El conde don Fernando de los fechos granados,
ovo veinte escuderos en ese día armados,
éstos con el buen conde en haz fueron entrados,
por todos çincuenta e non más fueron contados.

466   Ruy Cavía e Nuño, e de los de alfoz[49] de Lara,
venían y los serranos, gentes que él poblara
en una sierra fuerte qu' él de moros ganara,
venían y los Velascos que ese día armara.

467   Venían tres mill peones, todos de buena gente,
que por miedo de muerte non farían fallimiente;
maguer fuesen buscados de partes de oriente,
non fallarían mejores fasta en oçidente.

468   Consejó les a todos de qual guisa fiziesen:
si el día primero vençer non los podiesen,
que s' tirasen afuera quando el cuerno oyesen,
a la seña del conde todos se acojesen.

469   Quando ovo el conde su cosa aguisada,
sus azes bien paradas, su gente ordenada,
sabíe bien cada uno su çertera entrada;
tornaron a sus tiendas, cada uno a su posada.

---

[49] alfoz: 'distrito'.

La noche. Prodigio de la sierpe ardiente

470 Çenaron e folgaron esa gente cruzada,
  todos a Dios rogaron con voluntad pagada,
  que allí les ayudase la su virtud sagrada,
  les guardas' de vergüença; les dies' victoria ondrada.

471 Vieron aquella noche una muy fiera cosa:
  veníe por el aire una sierpe rabiosa,
  dando muy fuertes gritos la fantasma astrosa,
  toda veníe sangrienta, bermeja commo rosa.

472 Fazía ella senblante que ferida venía,
  semejava en los gritos que el çielo partía,
  alunbrava las uestes el fuego que vertía:
  todos ovieron miedo que quemar los venía.

473 Non ovo ende ninguno que fues' tan esforçado,
  que grand miedo non ovo e non fuese espantado;
  cayeron muchos omnes en tierra del espanto,
  ovieron muy grand miedo todo el pueblo cruzado.

474 Despertaron al conde que era ya dormido:
  ante que el veniese el culuebro era ido,
  falló todo el su pueblo commo muy desmaído,
  demandó del culuebro commo fuera venido.

475 Dixeron selo todo de qual guisa veniera,
  commo cosa ferida que grandes gritos diera,
  vuelta venía en sangre aquella bestia fiera;
  se maravillavan, la tierra non la ençendiera.

476 Quando gelo contaron así commo lo vieron,
  entendió bien el conde que gran miedo ovieron,
  que esta atal figura que diablos la fizieron,
  a los pueblos cruzados revolver los quisieron.

477 A los moros tenían que venía ayudar;
  coïdavan sin duda cristianos espantar,
  por tal que los cruzados se ovieran tornar,
  quisieran en la ueste algún fuego echar.

Explicación del conde

478   Mandó a sus varones el buen conde llamar,
quando fueron juntados mandó los escuchar,
que él dería qué quería la serpient' demostrar;
luego de estrelleros començó de fablar.

479   "Los moros, bien sabedes, que s' guían por estrellas,
non se guían por Dios, que se guían por ellas,
otro Crïador nuevo han fecho ellos dellas,
diz que por ellas veen muchas de maravellas.

480   "A y otros que saben muchos encantamentos,
fazen muy malos gestos con sus esperamentos,
de revolver las nuves e revolver los vientos:
muestra les el diablo estos entendimientos.

481   "Ayuntan los diablos con sus conjuramentos,
aliegan se con ellos e fazen sus conventos,
dizen de los pasados todos sus fallimientos,
todos fazen conçejo los falsos carbonientos.

482   "Algún moro astroso que sabe encantar,
fizo aquel diablo en sierpe figurar,
por amor que podiese a vos otros espantar,
con este tal engaño cuidaron s' nos tornar.

483   "Commo sodes sesudos bien podedes saber
que non han ellos poder de mal a nos fazer,
ca quitó les Jesucristo el su fuerte poder,
veades que son locos los que lo quieren creer.

484   "Que es de todo el mundo en uno el poder,
que a él solo devemos todos obedeçer,
ca él es poderoso de dar e de toller;
a tal Señor commo éste devemos nos temer.

485   "Quien este Señor dexa e en la bestia fía,
tengo que es caído a Dios en muy grand ira,
anda en fallimiento la su alma mesquina:
quantos que ansina andan el dïablo los guía.

486   "Tornemos en lo al que agora estamos,
trabajado avemos, mester es que durmamos,

con ellos en el canpo cras mañana seamos,
todos en su logar así commo mandamos.''

XIX

Batalla de Hacinas

El amanecer

487   Fueron a sus posadas, comiençan a dormir;
començaron las alas los gallos a ferir,
levantaron se todos, misa fueron a oir,
confesar se a Dios, pecados descubrir.

488   Todos grandes e chicos su oraçión fizieron,
del mal que avían fecho todos se arrepentieron,
la ostia consagrada todos la resçebieron,
todos de coraçón a Dios merçed pedieron.

489   Era en todo esto el día allegado,
entraron en las armas todo el pueblo cruzado,
las fazes fueron puestas commo les fue mandado,
bien sabíe cada uno su lugar señalado.

Comienzo de la batalla

490   Fueron todas las gentes en un punto guarnidas;
movieron para ellos todos por sus partidas,
las azes fueron puestas, mezcladas las feridas,
ovo y de cada parte muchas gentes caídas.

491   El conde don Fernando, este leal cabdillo,
paresçía entre todos un fermoso castillo,
avía en la faz primera abierto un gran portillo,
traía en el escudo fincado much' cuadrillo.

492   Ronpía todas las hazes que fronteras estavan,
a la parte qu' él iva todos carrera l' davan,
los golpes que fazía bien a lexos sonavan.

. . . .

69

493   Andava por las azes commo león fanbriento:
de vençer o morir tenía fuerte taliento;
dexava por do iva todo el canpo sangriento,
dava y muchas ánimas al bestión mascariento.

494   Un rey de los de Africa era y de fuerça grande;
entre todos los otros semejava un gigante,
que al conde buscava, e el conde al semejante;
luego quando vio al conde fue se l' parar delante.

495   El conde quando l' vio tan irado venir,
aguijó el cavallo e fue lo resçebir;
abaxaron las lanças e fueron se a ferir;
¡devieran tales golpes una torre partir!

496   Entramos uno a otro fueron mucho enbargados,
fueron muy mal feridos e estavan enbaçados;[50]
fablar non se podían; tanto eran mal golpados,
eran de fuertes golpes amos a dos llagados.

497   El conde don Fernando maguer que mal ferido,
antes que el rey entrase en todo su sentido,
del conde fue otra vez el rey muy mal ferido;
fue luego del cavallo a tierra abatido.

498   Los vasallos del moro quando aquesto vieron,
çercaron al buen conde, e muy gran priesa l' dieron;
esa ora castellanos en vald' non estubieron,
dando grandes feridas su señor acorrieron.

499   El conde castellano con sus gentes dudadas,[51]
fueron aquestas oras fuertemente esforçadas;
el cavallo del conde traía grandes lançadas.
teníe fasta los pies las entrañas colgadas.

---

[50] enbaçados: 'pasmados'.
[51] El Ms tiene: "non dudadas." Evidentemente, 'dudadas' tenía sentido ambiguo: 'dudadas' o 'temidas'.

El conde en peligro

500   Ovo el su buen cavallo al conde de morir;
a mayor fuert' sazón non l' podiera fallir,
ca non podía tornar se nin podía foir,
las coitas que sofría non las podría dezir.

501   Estava apeado, derredor su mesnada,
escudo contra pechos, en la mano su espada;
"Valas me," dixo, "Cristus, la tu virtud sagrada,
non quede oy Castilla de ti desanparada."

502   Los moros eran muchos, teníen lo bien çercado;
maguer que el buen conde estava apeado,
fería a todas partes a guisa d' esforçado:
los sus buenos vasallos valieron lo priado.

503   Dieron le buen cavallo qual él mester avía;
dava graçias a Dios, fazía grande alegría;
"Señor, merçed tan maña gradeçer no t' podría,
que tan bien me acorriste a la grand coita mía."

504   Dexemos nos el conde, mejor de otras lides,[52]
faziendo lo que faze el lobo en las greyes,
. . . .
. . . .

Gustio González, Diego Laínez

505   Don Gustio Gonçález que la otra faz guiava,
--corría mucha sangre, por do él aguijava,
iva en grandes arroyos commo fuent' que manava--
fazía muy grand mortandat en aquesta gent' brava.

506   Los moros en todo esto en valde non estavan,
en los omnes de pie gran mortandat fazían,
sabet, de amas las partes muchos omnes caían:

---

[52] El Ms dice: "mejor de otras ljdes." Juan Victorio sugiere el cambio a "mejor de otros reyes."

a los golpes que davan las sierras reteñían.

507   Don Diego Laínez con amos sus hermanos,
fer íe de la otra parte con otros castellanos,
fazía muy gran mortandat en los pueblos paganos;
todos caían de vuelta los moros e cristianos.

508   Estido[53] la fazienda en peso todo el día,
sobre ganar el canpo era grande la porfía,
teníe se por bienandante el que mejor fería:
sobre todos el conde llevava mejoría.

509   Feríe los don Fernando de toda voluntad,
en los pueblos paganos fazía gran mortandad.
"Valas me," dixo, "Cristus, Padre de Piedad,
sea oy por ti ensalçada la cristiandad."

510   Tenía llenos de polvo la boca e los dientes,
apenas podía fablar por confortar sus gentes,
diziendo: "Oy sed buenos vasallos e parientes,
los buenos en tal día devedes parar mientes."

511   Dezíe: "Ferid de rezio, mis leales amigos,
avedes muchos tuertos de Almozor resçebidos,
pora vengar nos d' él set bien mientes metidos,
menbrad vos que por eso somos aquí venidos."

Descanso en la noche

512   El sol era ya puesto, quería anocheçer;
nin moros nin cristianos non se podían vençer;
mandó luego el conde el su cuerno tañer;
ovieron se todos a la seña acojer.

513   Los pueblos castellanos, esas gentes cruzadas,
sacaron a los moros fueras de sus posadas;
el conde don Fernando con todas sus mesnadas,
fueron aquella noche todas bien albergadas.

514   El conde e sus gentes las posadas tomaron,

---

[53] Estido: 'Estuvo'.

ovieron tal albergue qual a Dios demandaron,
quanto mester ovieron todo y lo fallaron,
con sus armas guarnidos toda la noch' velaron.

Segundo día de la batalla

515   Otro día mañana los pueblos descreídos
estavan en el canpo con sus armas guarnidos,
dando muy grandes vozes e grandes apellidos,
los montes e los valles semejavan movidos.

516   El conde don Fernando con su gente loçana,
todos oyeron misa otro día mañana;
fueron todos en canpo a primera canpana,
pararon se las azes en medio de la plana.

517   Començaron el pleito a do lo avían dexado,
llamando "Santiago," el apóstol onrado;
las fazes fueron vueltas, el torneo mesclado;
bien avían castellanos aquel mester usado.

518   Orbita, su alférez, el que traía la su seña,
non sofría más golpes que si fuera una peña:
nunca mejor la tovo el buen Terrín d'Ardeña;
Dios perdone la su alma, que él yaze en Cardeña.

519   El conde don Fernando, coraçón sin flaqueza,
señor de enseñamiento, çimiento de nobleza,
fería en los paganos sin ninguna pereza;
estonç' dixo: "Caveros, afán a en pobreza."

520   El conde don Fernando, más bravo que serpiente,
avía la grand fuerça con el día caliente,
matava e fería en la mala semiente,
fazía gran mortandat en el pueblo descreyente.

521   Dexemos nos al conde en gran priesa estar,
nunca nasçió onbre de armas que l' podies' mejorar,
digamos de los otros, non avían más vagar,
ca y les iva todo caer o levantar.

522   Los unos e los otros de rezio s' conbatieron,
sabet, de amas las partes muchos omnes morieron;

la noche fue venida, de allí se erzieron,
nada non acabaron por lo que y venieron.

523 Tornaron a las tiendas fanbrientos e lazrados:
levaron fuerte día, estavan muy cansados,
avían y muchos omnes feridos e matados;
çenaron e dormieron toda la noche armados.

524 El conde don Fernando de fazienda granada,
mandó a prima noche llamar esa mesnada;
luego fue a poca de ora toda con él juntada,
pasaron por oir le aquella gent' lazrada.

El conde promete el auxilio de Santiago

525 "Amigos," dixo el conde, "por Dios que esforçedes;
por el muy mal lazerio que vos non desmayedes:
cras ante de nona un grand acorro avredes
en manera que vos el canpo vençeredes.[54]

---

[54] Aquí hay una laguna de una página en el Ms la cual se suple por la *PCG*.
Agregamos, por el interés que tiene, la versión reconstruida por Juan Victorio hasta la
estrofa 533.
526 Si quisieredes vos que el canpo venzamos,
ante del sol salido nos los acometamos:
si de rezio ferimos e vagar non les damos,
dexar nos han el canpo ante que los firamos.
527 De muertos o vençudos non nos escaparan,
arrancados del canpo e vençudos seran,
iremos en alcanço ca de nos fuiran:
vengar nos emos d'ellos del mal que fecho han.
528 Ca seguro so yo: vençudos non seremos,
ca ante que esso fuesse morir nos dexariemos,
de dexar nos prender a vida non querriemos,
ca bien se yo de nos que lo meior faremos."
529 Pues que el conde ovo la razon acabada,
--sabie bien cada uno su çertera entrada--
tornaron a sus tiendas, cada uno a su posada,
dormieron e folgaron essa gente cruzada.
TERCER DIA DE COMBATE. EL EJERCITO
CASTELLANO EN APUROS
530 Otro dia mañana, fueron se levantar,
vestieron se las armas por al canpo tornar,

74

526-32 ["Et si vos quisiéredes que venzcamos nos,
seamos cras mannana en el campo ante del sol
salido, et firamos muy de rezio et de todo coraçón,
et non les demos vagar, ca luego nos dexarán el
campo por fuerça. Et digovos que de muertos o de
vençudos et arrancados del campo, fuyrán et yremos
nos en pos ellos en alcanço, et vengarnos emos
dellos del mal que nos an fecho. Et seguro so yo
de nos que non seremos vençudos, ca ante nos
dexaríemos todos morir que esso fuesse, nin
querríemos dexarnos prender a vida, et bien sé yo
que lo mejor faremos." Pues que el conde les ovo
dicho esto, fuéronse cada uno pora sus posadas, et
dormiron et folgaron fasta otro día. Et desí
levantáronse por la grand mannana, et armáronse.
Los moros armáronse otrossí et salieron al campo.
Mas los xpristianos fizieron la sennal de la cruz
ante sus caras, et rogaron a Dios de todos sus
coraçones que los ayudasse contra aquellos sus
enemigos; et su oratión acabada, baxaron las
lanças et fueron ferir en los moros llamando
"¡Sant Yague!" Et como quier que ellos estidiessen
muy canssados de la batalla que ovieran ya en los
otros dos días passados, más esforçadamientre
començaron ésta que ninguna de las otras. Et el
conde Fernand Gonçález, como era muy esforçado

---

començaron a Dios de coraçon rogar
que y contra los moros los fuesse ayudar.
531   La oraçion acabada, las lanças abaxaron.
fueron ferir en moros, ''Santiago'' llamaron;
maguer que eran cansados, todos se esforçaron,
mas esforçada miente que ante començaron.
532   El conde don Fernando, omne muy bienandante,
fazie grand mortandat, mas rezio que de ante;
fue la gente africana d'aquesto muy pesante,
non avie y ninguno que se l' paras' delante.

cavallero en armas, fazíe en los moros tan grand
mortandad que non avíe y ninguno quien se le
ossase parar delant.]

Tercer día de batalla

533   Todos de coraçón eran para lidiar,
nin lanças nin espadas non avían vagar,
reteñíen los yelmos, las espadas quebrar,
feríen en los capillos, las lorigas falsar.

534   Los chicos e los grandes todos mientes paravan,
commo a ángel de Dios todos a él guardavan;
quando oíen "Castilla," todos se esforçavan,
todos en su palabra grand esfuerço tomavan.

535   Don Gustio Gonçález era leal cabdiello,
avía en los primeros abierto un gran portiello;
un rey de los de Africa, valiente cavallero,
ferió l' de una espada por medio del capiello.

536   Capiello, e almofar, e la cofia de armar,
ovo los la espada ligero de cortar,
ovo fasta los ojos la espada de pasar,
de aqueste golpe ovo don Gustio a finar.

537   Allí do él murió non yaze el señero;
un sobrino del conde que era su conpañero,
mató se con un moro que era buen cavallero,
non avía y de moros más estraño braçero.

538   Cristianos otros muchos por ende y morieron,
ellos en todo esto en valde non estovieron;
en los pueblos paganos gran mortandad fizieron;
fablaran dello sienpre todos quantos lo oyeron.

539   Al conde don Fernando llegaron los mandados
commo eran los mejores de los otros finados;
los cristianos estavan tristes, e desheredados;[55]

---

[55] Véase nota número 1.

si los non acorría que eran desbaratados.
540 Quando lo oyó el conde por eso fue muy quexado,
aguijó el cavallo e acorrió les priado;
falló de mala guisa revuelto el mercado;
presos fueran o muertos si non fuera llegado.
541 Ferió luego el conde en los pueblos paganos;
de los qu' él alcançava pocos ivan d' él sanos;
dizíe: "Yo so el conde, esforçad castellanos,
ferid los bien de rezio, amigos e hermanos."
542 Los cristianos lazrados quando aquesto vieron,
aunque eran malandantes todo el miedo perdieron,
todos con su señor grand esfuerço cogieron;
en las fazes paganas muy de rezio ferieron.
543 El conde castellano, de coraçón conplido,
dizíe: "Ferit, caveros, oy avedes vençido;
non sé do falle pan quien oy fuer' retraído,
mucho le valdría más que nunca fues' nasçido."
544 Non sé omne en el mundo que al conde oyese
que en ninguna manera ser le malo podiese;
nunca podríe ser malo el que con él comiese,
mejor devríe ser que otro el que con él visquiese.
545 Quien a Gustio Gonçález esas oras matara,
del conde si podiera de grado se desviara,
si lo guisar podiera mejor lo baratara,
al señor de Castilla fuese l' parar de cara.
546 El gran rey africano oyera lo dezir
que ningún omne, al conde non se l' podía guarir,
por tanto si él podiera quisiera lo foir;
non le dio vagar el conde e fue lo a ferir.
547 Firió l' luego el conde e partió l' el escudo,
ronpió l' las guarniçiones con fierro mucho agudo,
de muerte el rey de Africa anparar non se pudo,
fue del cavallo ayuso a tierra abatudo.

77

Angustia del conde. Oración

548 Fueron los africanos desto mucho pesantes,
ca eran del buen conde todos muy malandantes,
ferieron sobre el conde más de mill cavalgantes,
el torneo fue vuelto más firme que non de antes.

549 Mataron bien quarenta de parte de Castilla,
salía mucho cavallo vazío con mucha silla;
avíe de sus vasallos el conde gran manzilla,
coidó se sin duda que s' perdería Castilla.

550 Era en fuerte cuita el conde don Fernando,
iva, si se l' fiziese, su muerte aguisando;
alçó al çielo los ojos, al Criador rogando,
comm' si estovies' con él, ansí le está llamando:

551 "Pues non so venturoso desta lid arrancar;
quien quiera, que escape; yo non quiero escapar,
nin nunca veré yo más coita nin pesar;
meter me he en logar, do me hayan de matar.

552 "Castilla quebrantada quedará sin señor,
iré con esta rabia mesquino pecador;
será en cautiverio del moro Almoçor:
por non ver aquel día la muerte es mejor.

553 "Señor, ¿por qué nos tienes a todos fuerte saña?
Por los nuestros pecados non estruyas a España;
perder se ella por nos semejaría fazaña,
que de buenos cristianos non avría calaña.

554 "Padre, Señor del mundo, e vero Jesucriste,
de lo que me dixeron nada non me toviste;
que me acorrerías comigo lo posiste;
yo non te fallesçiendo ¿por qué me fallesçiste?

555 "Señor, pues es el conde de ti desanparado,
que por alguna cosa eres d' él despagado,
resçibe tú, Señor, en comienda est' condado;

si non, será aína por suelo estragado.[56]

556 ''Pero yo non morré así desanparado;
antes avrán de mí los moros mal mercado;
tal cosa fará antes este cuerpo lazrado,
que quanto el mundo dure sienpre será contado;

557 ''Si atanta de graçia me quesieses tú dar
que yo a Almançor me pudiese allegar,
non creo yo que a vida me pudiese escapar;
yo mismo cuidaría la mi muerte vengar.

558 ''Todos los mis vasallos que aquí son finados
serían por su señor este día vengados;
todos en paraíso conmigo ayuntados,
faría muy grande honra el conde a sus criados.''

XX

Aparición de Santiago

559 Querellando se a Dios el conde don Ferrando,
los finojos fincados, al Crïador rogando,
oyó una grande voz que le estava llamando:
''Ferrando de Castilla, oy te crez' muy grand' bando.''

560 Alçó suso los ojos por ver quien lo llamava,
vio al santo apóstol que de suso le estava,
de caveros con él gran conpaña llevava,
todos armas cruzados commo a él semejava.

561 Fueron contra los moros, las haçes bien paradas:
nunca vio omne nado gentes tan esforçadas;
el moro Almançor con todas sus mesnadas,
con ellos fueron luego fuerte mente enbargadas.

562 Veíen de una señal tantos pueblos armados,
ovieron muy grand miedo, fueron mal espantados;

---

[56] Con el verso siguiente comienza la escritura de la segunda mano y termina con el verso 608d, donde la primera mano reanuda la tarea.

de qual parte venían eran maravillados;
lo que más les pesava que eran todos cruzados.
563   Dixo el rey Almançor: "Esto non puede ser;
¿Do l' recreçió al conde atan fuerte poder?
Cuidava yo oy sin duda le matar o prender,
avía con estas gentes él a nos cometer."

Victoria, Persecución

564   Los cristianos mesquinos que estavan cansados,
de fincar con las ánimas eran desfiuciados,
fueron con el apóstol muy fuerte confortados;
nunca fueron en un ora tan fuerte esforçados.
565   Acresçió les esfuerço, todo el miedo perdieron,
en los pueblos paganos gran mortandad fizieron;
los poderes de Africa sofrir non lo pudieron,
tornaron las espaldas, del canpo se movieron.
566   Quando vio don Ferrando que espaldas tornavan,
que con miedo de muerte el canpo les dexavan,
el conde e sus gentes fuerte los aquexavan,
espuelas e açotes en las manos tomavan.
567   Fasta en Almenar a moros malfaçaron;
muchos fueron los presos, muchos los que mataron:
un día e dos noches sienpre los alcançaron,
después al terçer' día a Fazinas tornaron.
568   Buscaron por los muertos que espesos yazían,
--commo estavan sangrientos a dur' los conoçían--
los cristianos finados que los soterrarían,
cada uno a sus lugares que se los levarían.
569   El conde don Ferrando, conplido de bondades:
"Amigos, non m' semeja que aquesto vos fagades,
de enbargar vos de muertos nulla cosa ganades,
metredes grandes duelos en vuestras vecindades.

Entierro. El conde promete ser sepultado en Arlanza

570   "Los muertos a los vivos, ¿por qué an de enbargar?
      Por duelo non podremos a ninguno tornar;
      aquí ay una ermita que es un buen lugar,
      ternía yo por bien d' allí los soterrar.

571   "Nunca podrían yazer en lugar tan honrado,
      yo mismo e mi cuerpo allí lo he encomendado,
      mando m' yo allí llevar quando fuere finado,
      e allí quiero yo façer un lugar mucho honrado."

572   Lo que dixo el conde, todos esto otorgaron;
      los cristianos finados para y los llevaron,
      mucho honrada mente allí los soterraron;
      quand' fueron soterrados su camino tomaron.

XXI

VENTA DEL AZOR Y EL CABALLO

Cortes en León

573   Envió Sancho Ordóñez[57] al buen conde mandado,
      que quería fazer cortes e que fuese priado,
      e que eran ayuntados todos los del reinado;
      por él solo tardava que non era y guiado.

574   Ovo ir a las cortes pero con gran pesar,
      era muy fiera cosa de la mano l' besar;
      "Señor Dios de los çielos, quieras me ayudar,
      que yo pueda a Castilla desta premia sacar."

575   El rey e sus varones muy bien lo reçebieron,
      todos con el buen conde muy grand' goço ovieron,
      fasta en su posada todos con él venieron,

---

[57] Sancho Ordóñez: en realidad Sancho Ramírez, hijo de Ramiro II y hermano de Ordoño III.

entrante de la puerta todos se despedieron.

576 A chicos e a grandes de toda la çibdad,
la venida del conde plazía de voluntad;
a la reina sola pesava por verdad,
que avía con el conde muy grande enemistad.

577 Avía en estas cortes muy gran pueblo sobejo,
después qu' el conde vino duró les poquellejo,
ca dio les el buen conde mucho de buen consejo,
dellos en poridad, dellos por buen conçejo.

Venta

578 Levava don Ferrando un mudado açor,
non avía en Castilla otro tal nin mejor,
otrosí un cavallo que fuera de Almançor;
avía de todo ello el rey muy gran sabor.

579 De gran sabor el rey ha de ellos llevar,
luego dixo al conde que los quería conprar.
"Non los vend'ría, señor, mas mandes los tomar,
vender non vos los quiero, mas quiero vos los dar."

580 El rey dixo al conde que non gelos tomaría,
mas açor e cavallo que gelos conpraría,
que de aquella moneda mill marcos le daría,
por açor e cavallo si dar gelos quería.

581 Avenieron se anbos, fizieron su mercado,
puso quando lo diese a día señalado;
si el aver non fuese aquel día pagado,
sienpre fues' cada día al gallarín doblado.

582 Cartas por A B C partidas y fizieron,
todos los paramentos allí los escrivieron,
en cabo de la carta los testigos pusieron,
quantos a esta merca delante estuvieron.

583 Asaz avía el rey buen cavallo conprado;
mas salió le a tres años muy caro el mercado;
con el aver de Françia nunca sería pagado,
por y perdió el rey Castilla, su condado.

El conde Fernán González de Castilla
y el rey Sancho de León

584 Fueron todas las cortes desfechas e partidas,
     las gentes castellanas fueron todas venidas,[58]
     . . . .
     . . . .

XXII

PRISION EN CASTRO VIEJO; LIBERTAD POR DOÑA SANCHA

Vistas en Cirueña. Traición del rey navarro

Engaño de la reina de León

585 Antes que él partiese, una dueña loçana,
     reina de León, del rey Sancho hermana,
     prometió le al buen conde, fizo l' fiuzia vana;
     cuntió l' commo al carnero que fue buscar la lana.
586 Demostró le el diablo el engaño aína:
     prometió l' casamiento al conde la reïna;
     porque finas' la guerra le daría su sobrina,
     sería el daño grande sin esta meleçina.
587 Tovo ende el buen conde que sería bien casado,
     otorgó gelo que lo faría de buen grado.
     Envió luego la reina a Navarra el mandado,
     una carta ditada con un falso ditado.
588 Esta es la razón que la carta dezía:
     "De mí, doña Teresa, a ti, el rey Garçía;
     perdí al rey tu padre que yo gran bien quería,
     si yo fues' rey commo tú, ya vengado lo avría.
589 "Oras tienes tienpo por vengar a mi hermano,
     por este tal engaño coger lo as en mano,

---

[58] Juan Victorio reconstruye los versos 584 c, d: fueron todas las gentes del rey bien despedidas,/ tornaron a sus tierras d'onde fueron venidas.

tomarás buen derecho de aquel conde loçano,
a vida non le dexes aquel fuert' castellano.''
590 Quando oyeron las gentes aqueste casamiento,
todos tenían que era muy buen ayuntamiento,
que sería de la paz carrera y çimiento;
mas ordió otras redes el diablo çeniçiento.

Vistas en Cirueña

591 Pusieron su lugar do a vistas veniesen,
tovieron por bien anbos que a Çirueña fuesen;
de cada parte çinco caveros aduxesen;
fablarían e pornían lo que por bien toviesen.
592 Tomó Ferrán Gonçález çinco de sus varones,
todos de buen derecho e grandes infançones,
muy grandes de linaje e esforçados varones,
. . . .[59]
593 Fueron para Çirueña así commo mandaron;
al conde de Castilla con solos çinco enbiaron;
el rey y los navarros del pleito falleçieron,
en lugar de los çinco más de treinta traxeron.
594 Quando vio don Ferrando al rey venir guarnido,
entendió que le avía del pleito falleçido:
''Santa María, val, ca yo so confondido,
creyendo m' por palabra yo mismo so vendido.''
595 El conde dio gran voz, commo si fues' tronido,
diz: ''Devía ser agora el mundo destruido,
con este mal engaño que el rey a cometido;
que lo que m' dixo el monje, en ello so caído.''
596 Reptando se él mismo de la su malandança,
non pudiendo tomar nin escudo nin lança,
fuxó a un ermita, allí fue su anparança;

---

[59] Juan Victorio suple el verso que falta en el Ms, repitiendo el verso 368c: de un logar eran todos e de unos coraçones.

de man fasta la noche allí fue su morança[60]

597   Fizo su escudero a guisa de leal;
vio una finiestra en medio del fastial,
vino para la hermita, metió s' por el portal,
echó les sus espadas, non pudo façer al.

598   Aquestos escuderos que con el conde fueron,
quando a su señor acorrer non pudieron,
todos en sus cavallos aína se cojeron,
luego con el mandado a Castilla venieron.

Prisión del conde

599   Fue del rey don Garçía la iglesia bien lidiada,
non la quiso dexar maguer era sagrada,
non pudo de lo que quiso el rey acabar nada,
ca tenía el conde la puerta bien çerrada.

600   El sol era ya baxo que se quería tornar,
mandó el rey don Garçía al conde preguntar
si s' quería a presión sobre omenaje dar,
que podría por aquesto la muerte escapar.

601   A salva fe jurando dio se les a presión;
pesó muy mucho a Dios fecho tan sin razón:
oyeron voz en grito, commo voz de pavón,
partió se el altar de somo fasta fondón.

602   Así está oy en día la iglesia perdida,
porque fue atal cosa en ella conteçida;
bien cuidó que durara fasta la fin conplida,
que non fue atal cosa que sea ascondida.

603   Fue luego don Ferrando en los fierros metido;

---

[60] La *PCG* lo explica así: [fue con aquellos v caballeros que teníe consigo, et metiéronse en una hermita que estava y de cerca, et descendieron de sus cavallos, et subieron luego en ellos sus escuderos. Et aquellos escuderos teníen las espadas del conde et de los otros cavalleros, cada uno la de su sennor; et apartáronse de los del rey percebidos et mientesmetidos que si el rey alguna cosa quisiesse fazer de los cavalleros, ellos que se le saliessen de mano et se fuessen pora Castiella; ca de alcançarlos ninguno, non se temíen. Et el conde metióse en aquella hermita cuedándose allí defender; et cercáronles bien la puerta.]

de gran pesar que ovo cayó amorteçido;
a cabo de una pieça tornó en su sentido,
dixo, "Señor del mundo, ¿por qué me as falleçido?

604   "Señor Dios, si quisieres que yo fuese venturado,
que a mí los navarros me fallasen armado:
aquesto te ternía a merçed e a grado,
e por esto me tengo de ti desanparado.

605   "Si fueses en la tierra, serías de mí rebtado;[61]
nunca fiz porque fuese de ti desanparado,
morré de mala guisa commo omne de mal fado;
si yo pesar te fize, bien deves ser vengado."

XXIII

Prisión en Castro Viejo

606   Dentro en Castro Viejo al buen conde metieron,
teniendo l' fuerte saña mala presión le dieron;
commo omnes sin mesura, mesura non l' fiçieron,
los vasallos del conde dexar le non quisieron.

607   Dixo al rey Garçía el conde su razón:
"Non has por qué tener ningunos en presión,
abrás por mi señero todos quantos y son,
non les fagas nul mal que ellos sin culpa son."

Duelo de los castellanos

608   Soltó los don Garçía, a Castilla venieron;
quando castellanos el mandado rescebieron,
nunca tan mal mensaje castellanos oyeron;
por poco, de pesar, de seso non salieron.

609   Fizieron muy gran duelo estonçes por Castilla,
mucho vestido negro, rota mucha capilla,

---

[61] rebtado: 'culpado'.

rascadas muchas fruentes, rota mucha mexilla,
tenía cada uno en su coraçón gran manzilla.
610 Tornavan e dezían: ''¡Somos omnes sin ventura!''
Dezían del Criador mucha fuert' majadura;
''Non quiere que salgamos de premia nin de ardura,
mas que seamos siervos nos e nuestra natura.
611 ''Somos los castellanos contra Dios en gran saña
porque nos quiere dar esta premia atamaña;
caímos en la ira de todos los d' España,
tornada es Castilla una pobre cabaña.
612 ''A otro non sabemos nuestra coita dezir,
si non al Crïador que nos deve oir;
con el conde coidávamos desta coita salir,
ovíemos nos enantes en ella de venir.''
613 Dexemos castellanos en su fuerte pesar,
aver nos hemos luego en ellos a tornar;
ayuntaron se en uno por se aconsejar;
dexemos los yuntados, bien nos deve menbrar.

XXIV

La intercesión en la libertad de Fernán González

El lombardo peregrino

614 Tornemos en el conde do lo avemos dexado:
era en Castro Viejo, en la cárçel echado,
de gentes de Navarra era bien aguardado,
nunca fue omne nado en presión más coitado.
615 Avía en estas tierras la gente ya oído
que otro mejor de armas nunca fuera nasçido,
tenía se por mejor quien le avía conosçido,
avíe sabor de ver le quien non le avía vido.
616 Un conde muy onrado que era de Lonbardía,
vino l' en coraçón de ir en romería,
tomó de sus vasallos muy grand cavallería,

para ir a Santiago metió se por su vía.
617   Aquel conde lonbardo yendo por la carrera,
demandó por el conde que en quáles tierras era.
Dixeron selo luego, toda cosa çertera,
commo él fuera preso e sobre quál manera.
618   Demandó él por çierto todo aquel engaño,
commo avían resçebido castellanos gran daño:
levaron le a vistas a fe e sin engaño,
en ellas le prendieron bien avíe ya un año.
619   Preguntó si l' podría por cosa alguna ver,
ca avíe gran sabor de al conde conosçer,
que veríe si podría alguna pro tener,
que tal omne non era para en cárçel tener.
620   Fuese para Castro Viejo, demandó los porteros,
prometió de les dar muchos de los dineros,
. . . .
que l' dexasen verlo con solos dos caveros.
621   Levaron le al castillo, las puertas le abrieron;
los condes uno a otro muy bien se resçibieron,
entramos en su fabla gran pieça estovieron;
la razón acabada luego se despedieron.
622   Partieron se entramos de los ojos llorando;
fincó en su presión el conde don Fernando,
estando en gran coita, muchas coitas pasando,
que Dios dend' le sacase todavía rogando.

El lombardo exhorta a doña Sancha

623   Aquel conde lonbardo, quando fue despedido,
al conde castellano non le echó en olvido:
demandó la donzella por que fuera cuntido,
commo el conde oviera a ser della marido.
624   Mostraron gela luego la fermosa donzella,
vio tan apuesta cosa que era maravella;
fabló luego el conde de poridat con ella,
dixo commo avía muy grand manzilla della.

625 "Dueña," dixo el conde, "eres muy sin ventura,
non a de más mal fado en toda tu natura,
de ti han castellanos todos fuerte rencura,
que les vino por ti este mal sin mesura.

626 "Dueña sin piedat e sin buen conosçer,
de fazer bien o mal tú tienes el poder,
si al conde non quieres tú de muerte estorçer,
aver se ha Castilla por tu culpa a perder.

627 "Fazes muy grand ayuda a los pueblos paganos,
ca les quitava éste a todos pies e manos;
quitas muy grand esfuerço a todos los cristianos,
por ende andan los moros alegres e loçanos.

628 "Eres de tu buen preçio mucho menoscabada,
serás por este fecho de muchos denostada;
quando fuere esta cosa por el mundo sonada,
será toda la culpa luego a ti echada.

629 "Si tú con este conde podieses ser casada,
tener te ían las dueñas por bien aventurada,
de todos los de España serías mucho onrada;
nunca fiziera dueña tan buena cabalgada.

630 "Si tú eres de sentido, esto es lo mejor,
si tú nunca oviste de cavallero amor,
más deves amar a éste que non enperador;
non ha omne en el mundo de sus armas mejor."

Doña Sancha envía mensaje al prisionero

631 Despidió se el conde, con todo fue su vía,
fue para Santiago, conplió su romería;
envió la infanta esta mensajería,
con una de sus dueñas que ella mucho quería.

632 Tornó s' la mensajera luego con el mandado
de la coita del conde, que está en gran coidado;
vino con la respuesta a la infanta priado,
dixo commo dexara al conde muy laçrado.

633 "De lo que me dixo el conde ove gran pesar,

90

ovo se contra vos a Dios a querellar,
que vos sola l' queredes deste mundo sacar,
e si vos los quisiésedes él podría escapar.''

634 Dixo la dueña: "Infanta, por la fe que devedes,
que vayades al conde e vos lo conortedes;
tal conde commo aquéste non lo desanparedes,
si muer' de tal guisa, gran pecado levaredes.''

635 Respondió a la dueña esa ora la infanta:
"Bien vos digo, criada, tengo m' por malandante,
de quantos males pasa mucho so yo pesante,
mas venirá sazón que l' veré bienandante.

636 Quiero contra el conde una cosa fazer,
al su fuerte amor dexar me yo vençer,
quiero me aventurar e ir me lo yo a ver,
fazer le he yo mi coraçón a él entender.''

XXV

Doña Sancha liberta al conde

Doña Sancha en la prisión

637 La infanta doña Sancha, de tod' bien entendida,
fue luego al castillo ella luego sobida,
quando ella vio al conde tovo se por guarida.
"Señora," dixo el conde, "¿cómmo es esta venida?''

638 "Buen conde," dixo ella, "esto faz' buen amor,
que tuelle a las dueñas vergüença e pavor,
e olvidan los parientes por el entendedor,
de lo que ellos se pagan, tienen lo por mejor.

639 "Sodes por mi amor, conde, mucho lazrado,
ond' nunca bien oviestes sodes en grand cuidado;
conde, non vos quexedes e sed bien segurado,
sacar vos he de aquí alegre e pagado.

640 "Si vos luego agora de aquí salir queredes,
pleito e omenaje en mi mano faredes,

que por dueña en el mundo a mí non dexaredes,
comigo bendiçiones e misa prenderedes.

641 "Si esto non fazedes en la cárçel morredes,
commo omne sin consejo nunca de aquí saldredes;
vos, mesquino, pensat lo, si buen seso avedes,
si vos por vuestra culpa atal dueña perdedes."

642 Quando esto oyó el conde tovo se por guarido,
dixo su coraçón: "¡Si fuese ya conplido!"
"Señora," dixo el conde, "por verdat vos lo digo,
seredes mi muger e yo vuestro marido.

643 "Quien desto vos falliere sea de Dios fallido,
fallesca le la vida comm' falso descreído;
ruego vos lo, señora, en merçed, vos lo pido,
que de lo que fablastes non lo echedes a olvido."

644 El conde don Fernando dixo cosa fermosa:
"Si vos guisar podiéredes de fazer esta cosa,
mientra que vos visquiéredes nunca avré otra esposa;
si desto vos falliere fallesca m' la Gloriosa."

Fuga de doña Sancha y el conde

645 Quando todo aquesto ovieron afirmado,
luego sacó la dueña al conde don Fernando.
"Vayamos nos, señor, que todo es guisado,
del buen rey don Garçía non sea mesturado."

646 El camino françés ovieron a dexar,
tomaron a siniestra por un grand enzinar;
el conde don Fernando non podía andar:
ovo l' ella un poco a cuestas a llevar.

647 Quando se fue la noche el día quier' paresçer,
enante que ningún omne los podies' ver,
vieron un monte espeso, fueron se ay asconder,
e ovieron allí la noche atender.

XXVI

El mal arcipreste

648   Dexemos aquí a ellos en la mata estar,
veredes quanta coita les queríe Dios dar;
de un arçipreste malo que iva a caçar,
ovieron los sus canes en el rastro entrar.

649   Fueron luego los canes do yazíen en la mata,
el conde e la dueña fueron en grand rebata,
el açipreste malo quando vio la barata,
plogo le más que si ganase a Acre e Damiata.

650   Así commo los vio començó de dezir,
dixo: "Donos[62] traidores, non vos podedes ir,
del buen rey don Garçía non podredes foir,
amos a dos avredes mala muerte morir."

651   Dixo el conde: "Por Dios, sea la tu bondat,
que nos quieras tener aquesta poridat:
en medio de Castilla dar te he yo una çibdat,
de guisa que la ayas sienpre por tu eredat."

652   El falso açipreste llieno de crueldat,
más que si fuesen canes non ovo pïedat;
diz: "Conde, si tú quieres que sea poridat,
dexad me con la dueña conplir mi voluntad."

653   Quando oyó don Fernando cosa tan des'guisada,
non sería más quexado que si l' dieran lançada.
"Par Dios," dixo le, "pides cosa desaguisada,
por poco de trabajo demandas gran soldada."

654   La dueña fue hartera escontra el coronado:
"Açipreste, ¿qué quieres? Yo lo faré de grado,
por end' non nos perd'remos amos e el condado;
más val que ayunemos todos tres el pecado."

655   Dixo l' luego la dueña: "Pensat vos despojar,

---

[62] donos: 'dueños'.

aver vos ha el conde los paños de guardar,
e porque él non vea atan fuerte pesar,
plega vos, arçipreste, de aquí vos apartar.''

656   Quando el arçipreste ovo aquesto oído,
ovo grand alegría e tovo se por guarido;
vergüença non avía el falso descreído:
confonder cuidó a otro, mas él fue confondido.

657   Ovieron se entramos yaquanto de apartar,
cuidara se la cosa él luego de acabar:
ovo el açipreste con ella de travar,
con sus braços abiertos iva se la abraçar.

658   La infanta doña Sancha, dueña tan mesurada
--nunca omne nado vio dueña tan esforçada--,
tomó lo por la barua dio le una gran tirada.
dixo: ''Falso traidor, de ti seré vengada.''

659   El conde a la dueña non podía ayudar,
ca tenía grandes fierros e non podía andar;
su cuchillo en mano ovo a ella allegar,
ovieron le entramos al traidor de matar.

660   Quando de tal manera morió el traidor,
--nunca merçed le quiera aver el Crïador--
la mula e los paños e el mudado açor,
quiso Dios que lo oviese más onrado señor.

661   Tovieron todo el día la mula arrendada;
el día fue salido, la noche omillada;
quando vieron que era la noche aquedada,
movieron se andar por medio la calçada.

XXVII

Consejo de los castellanos para libertar a su señor

662   Dexemos aquí a ellos entrados en carrera,
por llegar a Castilla que muy açerca era;
diré de castellanos, gente fuerte e ligera:
avenir non s' podían por ninguna manera.

663   Los unos queríen uno, los otros queríen al,
commo omnes sin cabdiello aveníen se muy mal;
fabló Nuño Laínez de seso natural,
buen caballero de armas e de señor leal.

664   Començó su razón muy fuerte e oscura:
"Fagamos nos señor de una piedra dura,
semejable al buen conde, desa mesma fechura,
a aquella imajen fagamos todos jura.

665   "Ansí commo al conde las manos le besemos;
pongamos la en un carro, ante nos la llevemos:
por amor del buen conde por señor la ternemos,
pleito e omenaje todos a ella faremos.

666   "Si ella non fuyere nos otros non fuyamos,
sin el conde a Castilla jamás nunca vengamos;
el que antes tornare por traidor le tengamos;
la seña de Castilla en la mano l' pongamos.

667   "Si fuerte es el conde, fuerte señor llevamos;
el conde de Castilla nos buscar le vayamos,
allá finquemos todos o acá le traigamos,
tardando que esta cosa mucho menoscabamos.

668   "Al conde de Castilla muy fuerte onra le damos,
él puja cada día e nos menoscabamos,
semeja que él lidia e nos nunca lidiamos;
Jesucrist' nos perdone que tanto nos pecamos.

669   "Que veamos qué preçio damos a un cavero;
nos somos bien trezientos e el sólo señero,
e sin él non fazemos valía de un dinero:
pierde onbre buen preçio en poco de mijero."

670   Quando Nuño Laíno acabó su razón,
a chicos e a grandes plugo de coraçón.
Respondieron le luego mucho buen infançón;
"Todos lo otorgamos que es con gran razón."

La estatua del conde

671   Fizieron su imagen, commo de antes dicho era,

a figura del conde, desa misma manera;
pusieron le en un carro de muy fuerte madera,
sobido en el carro entraron en carrera.

672 Todos chicos e grandes a la piedra juraron;
commo a su señor ansí la aguardaron;
para ir a Navarra el camino tomaron,
en el primero día a Arlançón llegaron.

673 Dexende[63] otro día esa buena conpaña,
su señor mucho onrado, su seña mucho estraña,
pasaron Montes d' Oca, una fiera montaña,
solía ser de los buenos e los grandes d' España.

674 Caveros castellanos, conpaña muy lazrada,
fueron a Bilforado a fazer otra albergada;
qual a Dios demandaron ovieron tal posada;
movieron se otro día quando al alborada.

Encuentro de los castellanos y el conde

675 Enantes que oviesen una legua andado,
salida fue la noche e el día aclarado;
el conde con su dueña venía mucho laçrado;
quando vio la seña muy mal fue desmayado.

676 La dueña la vio antes e ovo gran pavor;
dixo luego la dueña: "¿Qué faremos, señor?
Veo una gran seña, non sé de qué color,
o es de mi hermano o del moro Almoçor."

677 Fueron en fuerte quexa, non sabían qué fiziesen,
non veíen montaña do meter se pudiesen:
non sabían con la quexa qué consejo prendiesen,
ca non veían logar do guarida oviesen.

678 Eran en fuerte quexa que nunca fue tamaña,
quisieran, si podieran, alçar se a la montaña,
que se asconderían siquiera en cabaña;

---

63 Dexende: 'desde allí'.

fue catando la seña, mesurando la conpaña.

679 Conosçió en las armas commo eran cristianos;
non eran de Navarra nin eran de paganos:
conosçió commo eran de pueblos castellanos,
que ivan a su señor sacar de agenas manos.

680 "Dueña," dixo el conde, "non dedes por end' nada,
será la vuestra mano dellos todos besada;
la seña e la gente que vos vedes armada,
aquélla es mi seña, e ellos mi mesnada.

681 "Oy vos faré señora de pueblos castellanos,
serán todos convusco alegres e pagados,
todos chicos e grandes besar vos han las manos,
dar vos he yo en Castilla fortalezas e llanos."

682 La dueña que estava triste e desmayada,
fue con aquestas nuevas alegre e pagada;
quando ella vio que era a Castilla llegada,
rendió graçias a Dios que la avía bien guiada.

683 Enantes qu' el su pueblo al conde fues' llegado,
fue adelante un cavero e sopo este mandado:
commo venía el conde bien alegre e pagado,
que traía la infanta e venía muy cansado.

684 Las gentes castellanas quando aquesto oyeron,
que venía su señor e por çierto lo ovieron,
nunca tamaño gozo castellanos tovieron,
todos con alegría a Dios graçias muchas dieron.

685 Tanto avían de gran gozo que creer non l' quisieron,
dieron se a correr quant' de rezio pudieron;
enantes que llegasen, al conde conosçieron,
allegaron se a él, en braços le cojieron.

686 Fueron besar las manos todos a su señora,
diziendo: "Somos ricos castellanos agora.
Infanta doña Sancha, nasçiestes en buena ora,
por end' vos resçebimos nos todos por señora.

687   "Fiziestes nos merçed, nunca otra tal viemos,[64]
quanto bien nos fiziestes contar non lo sabríemos,
. . . .
si non fuera por vos cobrar non lo podríemos.

688   "Sacastes a Castilla de gran cautividat,
fiziestes gran merçed a toda cristiandat;
mucho pesar a moros, esto es la verdat,
todo esto vos gradesca el Rey de Magestat."

689   Todos, e ella con ellos, con grand gozo lloravan;
teníen que eran muertos e que resuçitavan;
al Rey de los çielos bendezían e laudavan,
el llanto que fazían en grand gozo tornavan.

690   Llegaron de venida todos a Bilforado;
aquesta villa era en cabo del condado;
un ferrero muy bueno demandaron prïado,
el conde don Fernando de fierros fue sacado.

XXVIII

Bodas del conde y doña Sancha

691   Fueron se para Burgos quanto ir se podieron;
luego que allí llegaron grandes bodas fezieron:
non alongaron plazo, bendiçiones prendieron,
todos grandes e chicos muy grand gozo fizieron.

692   Alançavan tablados todos los cavalleros,
a tablas e escaques jugan los escuderos,
de otra parte matavan los toros los monteros,
avía ay muchas çítulas e muchos vïoleros.

693   Fazían muy grand gozo que mayor non podían.
Dos bodas que non una castellanos fazían;
la una, por su señor que cobrado avían,
la otra, porque entramos bendiçiones prendían.

---

[64] viemos: 'vimos'.

XXIX

PRISION DEL REY DE NAVARRA. AUXILIO AL REY DE LEON

El rey de Navarra ataca a Castilla

694 Enantes que oviesen las bodas acabadas
--non avía ocho días que eran escomençadas--
fueron a don Fernando otras nuevas llegadas:
que venía el rey Garçía con muy grandes mesnadas.

695 Quando esto sopo el conde, luego enbió troteros,[65]
[por toda Castiella que fuessen luego con éll
caballeros et peones.]

696 Mandó luego el conde a sus gentes guarnir;
quando fueron guarnidos salió l' a resçebir,
a cabo del condado ovieron de salir,
ovieron en el pleito todos a departir.

697 Las fazes fueron puestas, movidas tan priado,
aquel su mester era, avía lo bien usado;
el rey de los navarros estava bien guisado,
començaron entramos un torneo pesado.

698 Segund nos lo leemos, e dize lo la lienda,
estovo medio día en peso la fazienda;
cansados eran todos e fartos de contienda;
tomaron y por poco los navarros imienda.

699 Llevaron los del canpo navarros gran partida,
muchos de castellanos perdieron y la vida,
de dardos e de lanças fazían mucha ferida;
ovo en poca de ora mucha sangre vertida.

---

[65] Según la reconstrucción de Juan Victorio, el resto de la estrofa diría lo siguiente: unos en pos de otros, cartas e mensajeros,/ que veniessen aina peones e caveros,/ traigan buena conpaña de buenos escuderos.

700   Quando vio don Fernando castellanos movidos,
vio los estar cansados e todos retraídos,
fueron de sus palabras fuerte mient' reprendidos;
"Por nos pierden oy siglo por nasçer e nasçidos.
701   "Maguer que vos querades ansí ser tan fallidos
fazer vos he ser buenos de grado o amidos,
si finare, vos non querríedes ser nasçidos,
ca seríades por ello traidores conosçidos."
702   El sosaño[66] del conde non quesieron sofrir,
dixeron: "Más queremos todos aquí morir,
que don Fernán Gonçález esto nos fazerir;[67]
lo que nunca fallíemos non queremos fallir."
703   Tornaron en el canpo, pensaron de ferir
commo omnes que non han codiçia de foir;
fazían muchos cavallos sin señores salir,
podrían a grand mijero[68] bien los golpes oir.

Prisión del rey navarro

704   El conde argulloso, de coraçón loçano,
vio estar a su cuñado[69] en medio de un llano;
puso se contra él la lança sobre mano,
dixo: "¡Parta se el canpo por nos otros, hermano!"
705   Eran uno e otro enemigos sabidos,
fueron se a ferir entramos muy sañudos,
las lanças abaxadas, los pendones tendidos;
dieron se grandes golpes luego en los escudos.
706   Ferió al rey Garçía el señor de Castilla;
atal fue la ferida que cayó de la silla,

---

[66] sosaño: 'reprimenda'.
[67] fazerir: 'zaherir'.
[68] mijero: 'distancia'.
[69] cuñado: La *Primera Crónica General* hace a Sancha hija del rey García de Navarra.

metió l' toda la lança por medio la tetilla,
que fuera de la espalda paresçió la cochilla.

707 Don Fernando por fuerça ovo al rey a prender,
el pueblo de Navarra non l' pudo defender,
ovieron le a Burgos a esa çibdat traer:
mandó lo luego el conde en los fierros meter.

708 Doze meses conplidos en fierros le tovieron;
la presión fue tan mala que peor non podieron,
por ningunas rehenes nunca dar le quisieron,
non era maravilla que negra la fizieron.

Doña Sancha obtiene libertad a su hermano

709 Tovo lo la condesa esto por desguisado,
por ser ella muger del conde don Fernando,
tener él a su hermano cautivo e lazrado,
el que era atan buen rey e tan rico reygnado.

710 Fabló con castellanos en aquesa sazón,
dixo pocas palabras e muy buena razón:
"Saquemos, castellanos, al rey de la presión,
porque oy los navarros de mí quexados son.

711 "Yo saqué de presión al conde don Fernando,
¿por qué es él agora contra mí tan villano?
Ca non quiere sacar de presión a mi hermano,[70]

---

[70] Sigue aquí otra laguna (estrofas 712-723) [en el Ms son las estrofas 715b - 727a).
Se suple mediante la *PCG*. Agregamos a continuación la reconstrucción hecha por Juan
Victorio:
    712   Es mi primero ruego que vos he yo rogado:
que travedes con el, ¡de vos sea otorgado!;
por sacar a mi hermano, non sea desmesurado;
e si esto fazedes, sienpre vos lo avre en grado."
    713   Fueron se pora el conde, començaron dezir:
"Señor, vuestra mesura, querades nos oir:
al rey vuestro cuñado venimos nos pedir
que lo saquedes libre pora Navarra ir.
    714   Faredes, conde, en ello una muy grand mesura,
quantos vos lo sopieren sabran vuestra natura;
demas, sabedes vos, nos fizo ella ventura;
Señor, si al fazedes, aver nos han rencura."

. . . .
712-723 [Onde vos ruego que vos que seades tan
mesurados que vos que roguedes al conde et travedes
con éll que me dé mío padre (sic); et yo avervos e
qué gradescer siempre. Et este es el primero ruego

---

715   Mucho travaron d'el con muy buenas razones,
--eran todos juntados e d'unos coraçones--.
Respondio les el conde e dixo: "Mis varones,
avedes vos fablado a guisa d'infançones.
716   Pues que vos lo queredes e con tanta porfia,
maguer sea grand cosa, de grado lo faria."
Mando luego sacar al buen rey don Garçia,
tiraron le los fierros e el fue se su via.
717   Enante que se fuera fizieron le plazer,
el conde e castellanos fueron muy volunter;
guisaron le de todo quanto avia mester;
el rey de los navarros ovo se a mover.
EL REY DE LOS NAVARROS PROMETE VENGARSE
718   El buen rey don Garcia, pues que y fue llegado,
fue se pora Estella, cabeça del reinado;
mando a sus varones que fuessen y priado;
des que fueron y todos, assi les ha fablado:
719   "Amigos, vos sabedes commo so desonrado
del conde don Fernando e todo el su condado;
mi desondra es la vuestra, e ser nos ha contado:
O porne y el cuerpo o sere d' el vengado."
LOS MOROS INVADEN LEON.
EL CONDE SE REUNE CON EL REY
720   Dexemos a navarros en su quexa estar,
tornemos en el conde, que non se da vagar.
Enbio el rey don Sancho al buen conde llamar,
que eran entrados moros e que l' fuesse ayudar.
721   Quando esto oyo el conde, mando por su condado
que veniesse a el todo su pueblo armado;
con algunos caveros movio se muy priado,
fueron pora Leon, non lo ovieron tardado.
722   Quando vio a don Fernando esse rey de Leon
resçibio lo muy bien, plogo l' de coraçon,
ca tovo que venia a muy buena sazon.
e muy grand gozo ovieron todos quantos y son.
723   A cabo d'ocho dias, todos fueron juntados;
el conde e sus caveros fueron luego acordados
que al tercero dia fuessen moros lidiados,
"ca serie esto mejor que yazer encerrados."

que vos yo rogué.'' Ellos dixieron que lo faríen de
grado; et fuéronse luego pora 'l conde, et
dixiéronle: ''Señor, pedímosvos por vuestra mesura
que nos oyades.

Rogámosvos, sennor, et pedímosvos por merced
que dedes el rey don García a su fija donna Sancha,
y l' mandedes sacar de la prisión; et faredes en ello
grand mesura, et quantos vos lo sopieren tenérvoslo
an a bien, ca bien savedes vos quamanno algo fizo
ella a nos et a vos. Et, sennor, si al fazedes non vos
estará bien.'' Et tanto travaron d' éll et tantol'
dixieron de buenas razones et debdo que avíe y,
quel' fizieron otorgar lo que agora dirá aquí la
estoria, et complirlo. Et dize assí: Respondióles allí
estonces el conde, que pues que ellos lo teníen por
bien et lo quieríen, et aunque fuesse mayor cosa, que
lo faríe muy de grado. Et mandol' luego sacar de los
fierros; et dallí adelant fizieron muchos plazeres et
muchos solazes al rey don García el conde Fernand
Gonçález et la condessa donna Sancha, su fija, et los
nobles cavalleros de Castiella. Et en tod aquello
quisol' el cuende muy bien a él et a su companna,
de pannos et de bestias et de quanto ovo mester, et
envió l' pora su regno. El rey don Garçía, pues que
llegó a su regno, fuesse pora ell Estella, et envió por
todos los omnes onrrados de su regno et fizo y sus
cortes. Et desque fueron todos ayuntados, díxoles:
''Amigos, vos sabedes como yo so desonrrado del
conde Fernand Gonçález, et la mi desondra vuestra
es; et bien sepades que o yo seré d' él vengado, o y
porné el cuerpo.'' Agora dexa aquí la estoria de
fablar desta razón et torna a contar del rey don
Sancho.

Empós esto el rey don Sancho de León envió sus
mandaderos al conde Fernand Gonçález a dezirle de
como Abderrahmen, rey de Córdova, era entrado en

103

su tierra con muy grand poder de moros, et quel'
rogava mucho quel' fuesse ayudar. El conde Fernand
Gonçález, luego que lo oyó, fuesse pora éll quanto
más aýna pudo con aquellos cavalleros que teníe
consigo, et non quiso más y tardar. Et envió dezir
por toda su tierra por cartas et por mandaderos a
todos los otros cavalleros que y non eran, que se
fuessen empós éll. Quando el rey de León vio el
conde, plógol' mucho con éll et recibiól' muy bien,
ca tovo quel' acorríe a muy buena sazón. Desí a
cabo de ocho días llegó toda su companna al conde,
et ovieron su acuerdo que a tercer día saliessen al
campo lidiar con los moros, ca mejor seríe que non
yazer encerrados.]

XXX

El rey de Córdoba roba a Campos

724   Quando ovieron los moros desto sabiduría,
commo era y el conde con grand cavallería,
'l rey moro de Córdova luego en este día,
desçercó la çibdat e fue se el su vía.

725   Levantó se de allí, Safagunt fue çercar,
começó toda Canpos[71] de correr e robar;
ovieron estas nuevas al conde de llegar,
con todas sus conpañas pensó de cabalgar.

726   Conpañas de León, caveros de prestar,
salieron con el conde, queríen lo aguardar;
e non quiso el buen conde e mandó les tornar;
ovieron leoneses desto fuerte pesar.

727   El conde don Fernando con toda su mesnada,

---

[71] Canpos: La Tierra de Campos. Región que abarca partes de las provincias de Palencia, Valladolid y Zamora.

vino a Safagunt e falló la çercada;
dio les un gran torneo, una lid presurada;
fue luego en este día la villa desçercada.

728   Avían a toda Canpos corrido e robado,
llevavan de cristianos grand pueblo cabtivado,
de vacas e de yeguas e de otro ganado,
tanto llevavan dello que non sería contado.

729   Grandes eran los llantos, grandes eran los duelos,
ivan los padres presos, los fijos e abuelos,
matavan a las madres, los fijos en braçuelos,
e davan a los padres muerte con sus fijuelos.

El conde persigue a los cordobeses

730   Ivan con muy grand robo alegres e pagados,
non podían andar que ivan muy cansados;
ovo los el buen conde aína alcançados,
fueron con su venida todos mal espantados.

731   Ferió luego entre ellos, non les dio nul vagar,
commo águila fanbrienta que se quería çebar;
quando oyeron los moros a ''Castilla'' nonbrar,
quisieran si podieran en Córdova estar.

732   Dexaron y la prea aun a su mal grado,
quien más fuir podía teníe s' por venturado;
el rey de cordoveses fincó ende en malfado,
bendizíe a Mafomad quando dend' fue escapado.

733   El conde don Fernando, de ardides çimiento,
señor de buenas mañas, de buen enseñamiento,
en los pueblos paganos fizo grand escarmiento,
firió e mató dellos a todo su tallento.

734   Los que avíe muerto non los podíe tornar,
non dexó de la prea nulla cosa levar,
mandó ir los cativos todos a su logar,
dezíen: ''¡Fernán Gonçález, dexe te Dios reignar!''

735   El conde don Fernando con toda su mesnada,
quando ovo la prea a sus casas tornada,

--por verdat avía fecho muy buena cabalgada--
a León al buen rey luego fizo tornada.

XXXI

Saña de los leoneses contra el conde

736   Falló los leoneses sañudos e irados
porque con él non fueran, falló los despagados;
los unos e los otros fueron mal denostados,
ca coidavan sin duda reignar y los pecados.

737   Reina de León, navarra natural;
era de castellanos enemiga mortal;
mataran le el hermano, queríe les grand mal,
de buscar les la muerte nunca pensava en al.

738   Quería a castellanos de grado desonrar,
avivó leoneses por con ellos lidiar;
queríe si se l' fiziese a su hermano vengar;
non la devíe por ende ningún omne rebtar.[72]

739   Era de amas las partes la cosa ençendida,
sopo lo la reina e tovo se por guarida;
y avía el diablo muy grand tela ordida;
mas fue por el buen rey la pelea partida.

740   Leoneses e castellanos fueron mal denostados,
fincaron unos de otros todos desafiados;
fueron los castellanos a sus tierras tornados,
non fueron por dos años a las cortes llamados.

El conde reclama el precio del caballo y el azor

741   Envió el buen conde a León mensajeros
que rogava al rey que l' diese sus dineros.

---

[72] Según J. S. Geary y J. R. Owre, la tercera mano comienza a copiar el Ms con el verso siguiente.

Dixo el rey don Sancho: "Allá son mis porteros,
de como llegaren dar le hemos los primeros."

742 Tornaron se al conde, dixieron le el mandado:
que dezía el rey que g'[73] los daría de grado,
mas que non era aún el su pecho allegado;
por tanto se le avía su aver detardado.

743 Al conde mucho plogo porque atanto tardaba;
entendié que avríe lo que él codiçiaba;
porque tanto tardaba, el conde y ganaba:
plaçíe l' de voluntad del plaço que pasava.

744 El buen rey Sancho Ordóñez dio se muy gran vagar,
ovo después del plaço tres años a pasar,
ovo en este comedio atanto de pujar,
todos los de Europa non lo podrían pagar.

745 Dexemos Sancho Ordóñez en aqueste lugar,
envió sus dineros al buen conde a pagar,
el conde don Fernando non g' los quiso tomar,
ovo en este pleito la cosa a dexar.

XXXII

EL REY NAVARRO ENTRA POR CASTILLA

Batalla de Valpirre

746 Dexemos tod aquesto, en Navarra tornemos,
aun de los navarros partir non nos podemos;
allá do lo dexamos, así commo leemos,
en Estella l' dexamos, allá lo enpeçemos.[74]

747 El rey de los navarros en las cortes estando,
a todas sus conpañas muy fuerte se quexando

---

[73] g': ge, pronombre indirecto de tercera persona.
[74] Según J. S. Geary y J. R. Owre, la segunda mano reanuda la tarea de copiar el Ms con 747a.

del mal que le fiçiera el conde don Ferrando.

. . . .

748   Dixo les que tal cosa non quería endurar,
de un condecillo malo tantos daños tomar,
que con él non quería otra ment' pleitear,
mas que quería morir, o se quería vengar.

749   Movió se de Estella con todo su poder,
vino para Castilla, començó la a correr;
esa ora ovo el conde contra León mover,
non quedó en la tierra quien gela defender.

750   Corrió toda Burueva[75] e toda Piedralada,
corrió los Montes d' Oca, buena tierra provada,
corrió a Río d' Ovierna[76] de pan bien abastada,
a las puertas de Burgos allá fiço albergada.

751   Quesiera si pudiera a la condesa levar,
por amor que pudiese al conde desonrar;
la condesa fue cuerda, sopo se bien guardar:
ca non le quiso ver nin le quiso fablar.

752   Quando ovo el condado corrido e robado,
levaron mucha prea e mucho de ganado,
con muy fuerte ganançia tornó se a su reinado;
mas fue a poco tienpo cara mente conprado.

El conde desafía al rey navarro

753   Quando fue don Ferrando a Castilla tornado,
falló el su condado corrido e robado,
de ganados e de omnes falló mucho llevado;
pesól' de coraçón, fue ende muy irado.

754   Envió le don Ferrando luego desafiar;
que si lo que levara non lo quesies' tornar,
que iría a Navarra sus ganados buscar,

---

[75] Burueva: La Bureba, comarca de la provincia de Burgos.
[76] Ovierna: Ubierna: Este río, afluente del Arlanzón, pasa por Vivar.

e veríe quien avía de gelo amparar.

755   Quando al rey Garçía llegó el cavallero,
recabdó su mandado commo buen mensajero;
dixo que non l' daría valía de un dinero,
de lo que l' desfiava que era bien plaçentero.

756   El uno nin el otro alongar non l' quesieron,
juntaron sus poderes quanto aína pudieron,
cada uno de su parte grand gente adujeron;
el rey e don Ferrando a buscar se andovieron.

Batalla de Valpirre

757   Ayuntaron se en uno en un fuerte vallejo,
buen lugar para caça de liebres e conejo:
cojen y mucha grana con que tiñen bermejo,
al pie le pasa Ebro mucho irado e sobejo.

758   Valpirre[77] l' dizen todos, e así le llamaron,
do el rey y el conde anbos se ayuntaron;
el uno contra el otro anbos se endereçaron,
e la fuert' lid canpal allí la escomençaron.

759   Non podría más fuerte nin lid más brava ser,
ca allí les iva todo, levantar o caer;
él, ni el rey, non podría ninguno más façer,
los unos e los otros fazían tod' su poder.

760   Muy grand' fue la facienda, mucho más el roído:
daría el omne voçes e non sería oído,
el que oído fuese sería commo tronido,
non podría oir voçes nin ningund apellido.

761   Grandes eran los golpes, mayores non podían,
los unos e los otros el su poder fazían,
muchos caían en tierra que nunca se ercían,
de sangre los arroyos mucha tierra cobrían.

762   Asaz eran navarros caveros esforçados,

---

[77] Valpirre: Valpierre, llanura entre Briones y Nájera.

que en qualquier lugar serían buenos provados,
omnes son de grand cuenta, de coraçón loçanos;
mas eran contra el conde todos desventurados.
763   Quiso Dios al buen conde esta graçia façer,
que moros nin cristianos non le podían vençer.

. . . .
. . . .

(Aquí queda incompleto el manuscrito; continúa la
Primera Crónica General:)

[Et fue allí el rey don Garçía vençudo con todo su
poder. Agora dexamos aquí de fablar en esta razón
et tornaremos a dezir del rey don Sancho de León et
del conde Fernand Gonçález.]

XXXIII

[EL CONDE PRESO EN LEON][78]

(El conde es llamado a cortes)

Andados vii annos del regnado deste rey don
Sancho de León -- et fue esto en la era de DCCCC et
LXIX annos, et andava otrossí estonces ell anno de
la Encarnación del Sennor en DCCCC et XXXI, e el
dell imperio de Henrric emperador de Roma en XVI
-- el conde Fernand Gonçález, pues que ovo vençudo
al rey don García, como avemos dicho, et fue
tornado a so condado, llegól' mandado del rey de
León qu' él fuesse a cortes o que l' dexasse el

---

[78] Desde aquí hasta el final, los paréntesis regulares y angulares dividen las restantes secciones de la narración encontrada en la *Primera Crónica General* sobre el conde castellano.

condado. El conde, quando ovo leídas las cartas
que l' el rey enviara desto, envió por sus ricos
omnes et por todos los cavalleros onrrados de
Castiella; et desque fueron venidos a éll, díxoles
assí: "Amigos et parientes, yo so vuestro sennor
natural, et ruégovos que me consegedes assí como
buenos vassallos deven fazer a sennor. El rey de
León me a enviado dezir por sus cartas que l' dé el
condado, et yo quiérogelo dar, ca non seríe derecho
de ge lo tener por fuerça, porque nos avríe qué
dezir et retraer, a mí et a quantos viniessen
después de mí, si yo al ende fiziesse. Demás non
so yo omne de alçarme con tierra, et los castellanos
tales fechos como éstos non los suelen fazer;
et quando fuesse sonado por Espanna que nos
alçáramos con la tierra al rey de León, todos quantos
buenos fechos fizíemos, todos seríen perdudos por y.
Ca si faze omne cient bienes et después faze un
yerro sennero, antes le contarán ell un mal fecho
que los cient buenos que aya fechos; et esto nasce
todo de envidia. Et nunqua nasçió omne en el
mundo que a todos los omnes fuesse comunal; et por
ende dizen a las vezes del grand mal bien, et del
bien gran mal. Pues nos avemos soffrido grand
lazerio et estamos en estado qual nunqua cuedamos,
loado a Dios, et si assí lo perdiéssemos, toda
nuestra lazeria seríe de balde. Et nos por
lealdad nos preciamos de siempre, et assí sea
pora siempre; et por ende quiero yo ir a las
cortes, si por bien lo tenedes, et quanto yo allá
fuere non seremos reptados.

(Decide cumplir su deber de vasallo).

Amigos et vassallos, oído avedes ya lo que vos he
mostrado, et si vos otro consejo sabedes mejor que

éste, ruégovos que me lo digades, ca si yo errado
fuere, vos en grand culpa yazedes. Et la cosa que a
sennor más cumple es buen consegero, ca mucho vale
más que aquel que bien lidia, porque en el consegero
yaze bien et mal; et el sennor ha se de consejar
mucho a menudo porque non le ayan los omnes en
qué l' travar, et puede por mal consegero tomar tal
yerro, que nunqua por lidiar que faga le puede
desfazer. Et el buen consegero non deve aver miedo
nin vergüença al sennor, mas dezirle toda la verdad et
lo que entiende que es derecho. Mas algunos a y que
en logar de ser consegeros son losengeros, et non
quieren o non osan consejar al sennor sinon lo que
entienden que l' plaze, et dízenle que aquello es
lo mejor; et estos tales non se pueden salvar que
muy grand culpa non an en esto, ca se puede perder
un grand omne por mal consegero. Mas el que bien
quiere consejar a sennor deve primero ver et
penssar tod el fecho que es o a que puede recodir
fasta la postremería, et deve guardar en sí mismo
que non sea vandero, et non se deve vencer nin
por miedo nin por vergüença nin por grand
enemizdad nin por grand amor nin otrossí por grand
desamor nin por dar nin prometer, si consejo derecho
quiere dar a sennor. Tod esto vos digo porque non
menoscabedes del buen prez que avedes; ca si por
alguna falla huviades d' él descender, apenas puede
ser que lo nunqua podades cobrar. Et amigos, sobre
todo a mester que guardedes lealdad, ca maguer que
muere la carne, la maldad que omne faze nunqua
muere, et fincan d' éll sus parientes con muy mal
heredamiento. Assaz vos e mostrado carreras por o
seades buenos et vos guardedes de caer en yerro, ca
bien sé que ante de pocos días seredes en tal cueyta
que avredes mester seso et esfuerço. Et vos todos
sabedes que el rey me quiere muy grand mal, et

cierto so que non podré escapar que non sea preso o maltrecho, et allí veré yo como me acorredes o qué consejo avredes pora sacarme ende. Et dígovos que si ir non quisiere a aquellas cortes, que me pueden reptar. Et vos bien sabedes que non deve lidiar el omne que tuerto tiene, ca Dios non le quiere ayudar. Et más vale ser muerto o preso que non fazer mal fecho que después ayan a los parientes qué retraer. Et esto es lo que yo quiero fazer, si lo vos tenedes por bien; et quiérome ir luego, et ruégovos que aguardedes a García mi fijo.'' Et espidióse estonces dellos et fuesse de ida, et non quiso consigo levar más de vii cavalleros.

(El conde llega a León; el rey manda prender al conde)

Et assí como llegó a León non le salió a recebir omne ninguno, et tóvolo él por mala sennal. Otro día fuesse pora palacio, et fue por besar la mano al rey; et él non ge la quiso dar et díxol': ''Tiradvos allá, cuende, ca mucho sodes loçano. Bien a tres annos que non quisiestes venir a mis cortes, demás alçástesme vos con el condado, et devedes ser reptado por ende; et sin esto, fiziéstesme muchos pesares et muchos tuertos, et nunqua me los mejorastes. Mas fío en Dios que ante que d' aquí salgades, me faredes ende buen derecho. Pero si todos los tuertos que me avedes fecho me quisiéredes emendar assí como mi corte mandare, dadme muy buenos fiadores a ello.'' Pues que el rey ovo acabada su razón, respondiól' el conde como omne muy bien razonado et de muy buen seso; mas non le tovo ningún pro a esta sazón. Et razonó assí el conde: ''Sennor, de lo que dezides que me alcé con la tierra, non lo fiz nin vengo de logar pora fazer

113

tal fecho, ca por lealdad et por mannas téngome
por cavallero complido; mas fuy d' aquí la otra vez
muy mal desondrado de los leoneses, et por esto non
vinía a las cortes. Pero por una razón si me
alçasse con la tierra non faría sin guisa, ca me
tenedes mío aver forçado bien a tres annos. Et vos
sabedes de qual guisa fue el pleyto -- et cartas
ay dello entre mí et vos --: que si me non
pagássedes los dineros al plazo, que fuessen cada
día doblados. Et vos dadme fiadores otrossí que me
cumplades mío aver assí como dize la carta, et yo
darvos he fiadores otrossí que vos emiende quantas
querellas de mí avedes, assí como vuestra corte
mandare." El rey fue muy sannudo contra él, et
mandól' luego prender allí et echarle en fierros.

(Dolor de Doña Sancha)

Quando los castellanos sopieron que el conde era
preso, ovieron muy grand pesar, et fizieron por
ende tamanno duelo como si l' toviessen muerto
delant. La condessa donna Sancha otrossí quando
lo sopo cayó amortida en tierra, et yogo por muerta
una grand piesça del día. Mas pues que entró en su
acuerdo dixiéronle: "Sennora, non fazedes recabdo
en vos quexar tanto, ca por vos quexar mucho non
tiene pro al conde nin a vos. Más a mester que
catemos alguna carrera porque l' podamos sacar por
fuerça o por alguna arte o por qual guisa quier."
Desí ovieron so acuerdo et fablaron mucho en ello
por qual manera le podríen sacar; et dizíe y cada
uno aquello que l' semejava guisado; mas por tod
esso aún non podíen fallar carrera por o lo
pudiessen fazer. Et porque el coraçón dell omne
siempre está bulliendo et penssando arte, fasta
que falle carrera por o pueda complir aquello que

a sabor, non queda, et la fuerte cosa se faze
ligera de fazer desta guisa, ca el grand amor todas
las cosas vence; et los castellanos tan grand sabor
avíen de sacar de la prisión a su sennor el cuende,
que su coraçón les dixo qual seríe lo mejor.

(Doña Sancha va en busca del conde)

Desí ayuntáronse D cavalleros muy bien guisados
de cavallos et de armas, et juraron todos sobre los
sanctos evangelios que fuessen todos con la condessa
pora provar si l' podríen sacar. Et desque esta
jura fizieron, movieron de Castiella, et fuéronse de
noche; et non quisieron ir por carrera ninguna, mas
por los montes et por los valles desviados porque
los non viessen los omnes, nin fuessen ellos
descubiertos. Et quando llegaron a Manssiella la del
camino, dexáronla de diestro, et alçáronse suso
contra la Somoça, et fallaron un monte muy espesso
et posaron todos allí en aquel monte.

XXXIV

[GUERRA CON LEON. EXENCION DE CASTILLA]

(Doña Sancha entra en León como peregrina)

La condessa donna Sancha· dexólos allí estar, et
fuesse ella pora León con dos cavalleros et non
más, et su esportiella al cuello et su bordón en la
mano como romera. Et fízolo saber al rey de como
iva en romería a Sant Yague, et que l' rogava que l'
dexasse ver al conde. El rey envió' dezir que l'
plazíe muy de buena miente, et salió a recebirla
fuera de la villa, con muchos cavalleros, bien quanto
una legua. Et desque entraron en la villa, fuesse

115

el rey pora su posada, et la condessa fue ver al
conde. Et quando l' vio, fuel' abraçar llorando
mucho de los ojos. El conde estonces conortóla et
díxol' que se non quexasse, ca a sofrir era todo lo
que Dios queríe dar a los omnes et que tal cosa por
reys et por grandes omnes contescíe. La condessa
envió luego dezir al rey que l' rogava mucho, como
a sennor bueno et mesurado, que mandasse sacar el
conde de los fierros, diziéndol' que el cavallo
travado nunqua bien podíe fazer fijos. Dixo el rey
estonces: "Si Dios me vala, tengo que dize verdade,"
et mandól' luego sacar de los fierros. Et desí
folgaron toda la noche amos en uno et fablaron y
mucho de sus cosas, et pusieron como fiziessen tod
aquello, segund que lo teníen ordenado, si Dios ge
lo quisiesse enderesçar assí.

(Libertad del conde)

Et levantóse la condessa de muy grand mannana
quando a los matines, et vistió al conde de todos
los sus pannos della. Et el conde mudado desta
guisa fuesse pora la puerta en semejança de duenna,
et la condessa cerca d' éll et encubriéndose quanto
más et mejor pudo; et quando llegaron a la puerta,
dixo la condessa al portero que l' abriesse la
puerta. El portero respondió: "Duenna, saberlo
emos del rey antes, si lo toviéredes por bien."
Díxol' ella estonces: "Par Dios, portero, non ganas
tú ninguna cosa en que yo tarde aquí et que non
pueda después complir mi jornada." El portero
cuedando que era la duenna et que saldríe ella,
abrióle la puerta, et salió el conde; et la condessa
fincó dentro tras la puerta encubriéndose del
portero, de guisa que nunqua le entendió. Et el
conde, pues que salió, non se espidió nin fabló,

116

porque por ventura non fuesse entendudo en la boz
et se estorvasse por y lo que éll et la condessa
queríen; et fuesse luego derechamientre pora un
portal, de como le consennara la condessa, do
estavan aquellos dos cavalleros suyos atendiéndol'
con un cavallo. Et el conde, assí como llegó,
cavalgó en aquel cavallo que l' teníen presto, et
començáronse de ir, et salieron de la villa muy
encubiertamente, et diéronse a andar quanto más
pudieron, derechamientre pora 'l logar do
dexaran los cavalleros. Et quanto llegaron a la
Somoça, fuéronse pora a aquel mont do aquellos
cavalleros estavan atendiendo; et el conde,
quando los vio, ovo con ellos muy grand plazer
como omne que saliera de tal logar.

(El rey envía a la condesa a Castilla)

Quando el rey don Sancho sopo que era ido el
conde et por qual arte le sacara la condessa,
pesól' assí como si oviesse perdudo el regno;
pero non quiso ser errado contra la condessa. Et
desque fue ora, fuela ver a su posada do albergara
con el conde, et assentóse con ella a aver sus
razones en uno, et preguntóla et díxol' sobre la
ida del conde como osara ella ensayar tal cosa nin
sacarle d' allí. Respondiól' la condessa et dixo:
"Sennor, atrevíme en sacar el conde d' aquí porque
vi que estava en grand cueyta et porque era cosa
que me conviníe cada que lo yo pudiesse guisar.
Et demás atreviéndome en la vuestra mesura, tengo
que lo fiz muy bien; et vos, sennor faredes contra
mí como buen sennor et buen rey, ca fija so de rey
et muger de muy alto varón, et vos non querades
fazer contra mí cosa desguisada, ca muy gran debdo
e con vuestros fijos, et en la mi desondra grand

parte avredes vos. Et assí como sodes vos de muy
buen connoscer et muy entendudo sennor, devedes
escoger lo mejor, et catar que non fagades cosa que
vos ayan los omnes en qué travar; et yo por fazer
derecho non devo caer mal.'' Pues que la condessa
ovo acabada su razón, respondiól' el rey don Sancho
desta guisa: ''Condessa, vos fiziestes muy buen fecho
et a guisa de muy buena duenna, que será contada la
vuestra bondad por siempre; et mando a todos míos
vassallos que vayan convusco et vos lieven fasta do
es el conde, et que non trasnochedes sin éll.'' Los
leoneses fizieron assí como el rey les mandó, et
levaron la condessa muy onrradamientre como a
duenna de tan alta guisa. El conde quando la vio
plógol' mucho con ella, et tovo que l' avíe Dios
fecho mucha merced; et desí fuesse con ella et con
toda su companna pora su condado.

(El conde pide otra vez el precio
del caballo y el azor)

Empós esto que dicho es, el conde Fernand
Gonçález de Castiella -- que non sopo estar
assossegado et quedó pues que conde fue de
Castiella, ca nin le dexaron los moros nin los
reys moros nin los cristianos estar en paz --
envió estonces dezir al rey don Sancho de León
que l' diesse su aver que l' devíe por el cavallo
et ell açor que l' comprara; si non, que non podríe
estar qu' él non pendrasse por ello. El rey don
Sancho non le envió respuesta dond él fuesse pagado,
et el conde ayuntó estonces todo su poder; et desque
l' tovo ayuntado, fue et entról' por el regno et
corrióle la tierra et levó ende muchos ganados et
muchos omnes. Quando el rey don Sancho esto sopo,
mandó a su mayordomo tomar muy grand aver et que

fuesse al conde a pagarle todo aquell aver, et que
l' dixiesse que l' tornasse todo lo que l' tomara
de so regno, ca teníe qu' él non deviera peyndrar
de tal guisa por tal cosa. El mayordomo fue al
conde por pagarle ell aver; mas quando el conde et
él vinieron a la cuenta, fallaron que tanto era ya
pujado, aviendo a ser doblado cada día segund la
postura, que quantos omnes en Espanna avíe que lo
non podríen pagar: tan mucho era ya cresçudo sin
guisa. Et el mayordomo óvose de tornar sin recabdo.
El rey, quando esto sopo, tóvose por muy embargado
por aquel fecho, ca non fallava quien le diesse y
consejo; et si pudiera, repintiérase d' aquella
mercadura de grado, ca se temíe de perder el regno
por y.

(El rey declara exento el condado)

Et quando vio que estava por y tan mal parado el
pleyto, et que se nunqua podríe pagar ell aver --
tan grand era -- fablóse con sus vassallos, et
acordaron que l' diesse el condado en precio por
aquell aver, ca nin éll nin los reys que empós él
viniessen nunqua tanto avríen d' aquel condado, et
siempre avríe y contienda: tan buenos omnes et tan
fuertes eran los castellanos et tan catadores de
derecho. Et trexieron esta pleytesía con el conde,
et diol' el rey el condado en precio d' aquel aver.
Et el conde falló que mercava muy bien en aquella
pleytesía, et tomógele de grado; et demás tóvose por
guarido por ello porque veíe que salíe de grand
premia, et porque non avríe de besar mano a omne
del mundo si non fuesse al Sennor de la Ley; et éste
es ell apostóligo. Et desta guisa que aquí es
contado salieron los castellanos de premia et de
servidumbre et del poder de León et de sus leoneses.]

119

INDICE ONOMASTICO, TEMATICO
Y DE VOCES COMENTADAS

Los números, cuando van solos, se refieren a las páginas; los números acompañados de letras se refieren a las estrofas del *PFG*.

123

INDICE DEL *PFG*